성경을 읽는 것 자체가 좋습니다. 그러나 알고 읽는 것은 더 좋습니다. 알고 읽되 그리스도를 중심으로 신구약 전체를 이해하고 읽는다면 금상첨화일 것입니다. 역사와 전통이 있는 미국 웨스트민스터 신학교에서 개인은 물론이고 교회 안의 다양한 그룹에서 사용할 수 있는 성경읽기 교과서를 보내왔습니다. 심혈을 기울여 만든 《리딩지저스》는 한국교회 성도들에게 귀한 선물이 되기에 충분합니다.

이규현 담임목사 | 수영로교회

미국 필라델피아에 자리한 웨스트민스터 신학교는 미국 기독교계는 물론이고 한국 교회에도 큰 영향을 미친 신학교입니다. 영향력 있는 신학자들을 많이 배출하였고, 이를 통해 한국 교회에 크게 공헌한 신학교입니다. 이 고마운 신학교에서 이번에 한국 교회를 위해 또 한 번 큰 수고를 해 주었습니다. 신학교 산하에 있는 웨스트민스터프레스코리아에서 《리딩지저스》라는 성경읽기 도구를 만들었습니다. 신학교 교수님들의 강의를 성도님들도 쉽게 이해하시도록 긴 시간을 들여서 만든 작품입니다. 《리딩지저스》가 가진 가장 큰 의미가 있다면, 성경이 가리키는 한 분, 예수 그리스도를 중심에 둔 성경읽기라는 점입니다. 모든 저자가 성령의 감동으로 오직 한 분 예수님을 드러내기 위해 쓴 책이 성경이라면, 우리는 성경을 쓰인 목적대로 읽어야 할 것입니다. 이런 점에서 많이 기대되는 책입니다. 이 책을 통해 우리는 구약성경이든 신약성경이든 어느 본문에서든 예수님을 발견하게 될 것입니다. 《리딩지저스》와 함께 성경이 말하는 예수 그리스도를 체험하는 행복한 시간을 갖게 되시기를 바랍니다. 나 자신과 내가 처한 상황을 그리스도 중심으로 해석하는 힘이 길러지리라 믿으며 기쁘게 추천합니다.

이찬수 담임목사 | 분당우리교회

성경을 가까이하고 즐겨 읽는 것이 경건의 핵심인 줄 다 알면서도 성경읽기의 행복에 들어가는 것이 생각보다 쉽지 않아서 많은 성도가 여러 번 시도하지만 실패하고는 합니다. 이번에 출간되는《리딩지저스》는 이런 점에서 성도들에게 큰 유익을 끼치리라 생각합니다. 창세기부터 요한계시록까지 성경에 나오는 다양한 인물과 사건을 예수님 중심으로, 예배하는 심령으로 읽도록 도와주어서, 우리의 성경읽기가 단순한 지적 호기심 충족이나 설익은 적용에 그치지 않고, 성경 본문을 풍성하게 누리도록 도전합니다. 또한 삶의 변화로 이끄는 성경읽기가 되도록 안내할 것입니다. 성경읽기를 통해 우리 삶의 전부요 기쁨이신 구주를 더욱 알고 사랑하는 일이 조국 교회와 성도들의 삶에 더욱 풍성해지기를 기대하는 마음으로 이 책을 적극 추천합니다.

화종부 담임목사 | 남서울교회

사도 바울은 연소했던 디모데에게 자신의 사역을 이양하면서 '읽는 것에 전념'하라고 합니다(디모데전서 4:13). '성경을 읽는 것'은 주님의 일을 하는 데 가장 기본인 훈련이며, 성숙한 성도로 살아가는 현장의 시작이라는 뜻입니다. 하나님 앞에 바로 서려는 진지한 결단을 하고 싶다면, 성경을 일독해 보라고 권하고 싶습니다. '말씀'은 시작부터 있었고(요한복음 1:1), 인생을 초기화^{reset}할 때 반드시 '말씀'이 앞에서 이끌어 주어야 하기 때문입니다. 그런데 그동안은 강력히 추천할 성경읽기 교재가 없었습니다. 이제 우리 앞에 나타난 듯합니다.《리딩지저스》성경읽기 교재에는 신학이 담겨 있으며, 그 신학이 성경 66권 전체를 읽어 가는 긴 여행을 돕는 훌륭한 지팡이가 될 것입니다.《리딩지저스》가 담고 있는 신학은 신뢰할 수 있습니다. 예수 그리스도를 중심으로 성경 전체를 읽어 나가는 길을 안내하기 때문입니다.《리딩지저스》는 한국 교회의 소생이라는 염원을 담아 제작되었습니다.《리딩지저스》는 말씀 위에 세워진 한국 교회가 코로나19의 어려움을 이기고 더욱 정결해지는 데 필요한 역할을 할 것입니다.

한규삼 담임목사 | 충현교회

READING

JESUS

3

미국 웨스트민스터 신학교와 '리딩지저스'

'리딩지저스'는 교회 공동체가 함께 성경 전체를 통독하며 성경의 중심 메시지를 이해할 수 있도록 돕는 성경읽기 프로그램입니다. 확신하건대 성경의 중심 메시지는 예수 그리스도, 곧 그분의 인격과 구원 사역입니다. 웨스트민스터 신학교는 오랜 세월 성경 전체에서 그리스도를 바라보는 성경해석학에 헌신해 온 학교로 잘 알려져 있습니다. 우리의 이러한 헌신은 그리스도와 사도들의 중심 메시지에 근거합니다.

누가복음 24장 25-27절에서도 우리는 부활하신 예수님이 이 사실을 얼마나 깊이 인식하고 계시는지 볼 수 있습니다. "이르시되 미련하고 선지자들이 말한 모든 것을 마음에 더디 믿는 자들이여 그리스도가 이런 고난을 받고 자기의 영광에 들어가야 할 것이 아니냐 하시고 이에 모세와 모든 선지자의 글로 시작하여 모든 성경에 쓴 바 자기에 관한 것을 자세히 설명하시니라." 예수님의 이러한 성경 연구는 그리스도 중심 성경읽기인 '리딩지저스의 핵심이자 근간'이 됩니다.

'리딩지저스'는 성경적 교회 기반 프로그램으로, 웨스트민스터 신학교의 사명으로부터 발전하였습니다. "웨스트민스터 신학교는 그리스도와 전 세계에 있는 그의 교회를 위하여 하나님의 모든 뜻을 선포하는 성경의 전문가를 양성하기 위해 존재합니다"(웨스트민스터 사명선언문).

1. 리딩지저스는 성경의 전문가를 양성하는 일을 합니다

웨스트민스터 신학교의 설립자인 그레샴 메이첸은 "성경의 전문가"라는 문구를 다음과 같이 사용했습니다.

> 신학교는 전문가를 위한 학교라는 사실을 결코 잊어서는 안 됩니다. 우리는 전문화 시대에 살고 있습니다. 눈에도 전문가가 있고, 코, 목, 배, 발, 피부에도 전문가가 있습니다…우리의 전문성은 하나님의 말씀에 있습니다. 성경의 전문가, 웨스트민스터 신학교는 이를 양성해 내기 위해 노력할 것입니다(J. Gresham Machen, "Westminster Theological Seminary: Its Purpose and Plan").

'리딩지저스'는 한국 교회를 위한 성경의 전문가를 양성하는 놀라운 발걸음입니다. 이 프로그램에 참여하는 사람들 가운데 앞으로 수년 내에 한국 교회를 이끌고 섬길 신학, 목회, 선교, 의료, 교육, 상담, 행정 분야의 성경의 전문가가 배출될 것입니다. 지금 '리딩지저스'에 참여하는 것은 곧 한국 교회의 내일을 위한 성경의 전문가들을 양성하는 일에 동참하는 것입니다.

2. 리딩지저스는 하나님의 모든 뜻을 이해하고 선포하는 것을 핵심으로 합니다

"하나님의 모든 뜻"(the whole counsel of God)이라는 표현은 사도 바울이 에베소 교회의 사랑하는 장로들에게 고별사를 전하며 나옵니다. "이는 내가 꺼리지 않고 하나님의 뜻을 다 여러분에게 전하였음이라"(사도행전 20:27).

웨스트민스터 신학교의 교육은 예수 그리스도 안에 있는 구원의 충만함이 계시된 성경에 확고하게 뿌리내리고 있습니다. 우리 신학교의 이름은 개혁 신앙의 정점에 있는 웨스트민스터 신앙고백의 이름을 따라 명명되었습니다. 그 이유는 어느 도시나 국가, 교단이나 사람이 아닌 오직 성경의 권위를 따르고자 했기 때문입니다.

'리딩지저스'는 성경이 하나님의 영감으로 기록되었으며, 스스로 권위를 입증하는 말씀이라는 고백 위에 만들어졌습니다. 그뿐만 아니라 성경이 기록된 원래 목적과 의미를 발견하여, 복음의 필수 진리에 전념하도록 돕는 교회를 위한 프로그램입니다. '리딩지저스'에 참여하는 것은 하나님의 모든 뜻에 평생을 헌신한 세계적 수준의 성경 전문 교수진이 가르치는 성경수업을 여러분과 여러분의 가족, 교회, 믿음의 공동체에 가져오는 것입니다. 이 얼마나 훌륭한 선물입니까! '리딩지저스'를 여러분의 교회 사역에 사용하길 진심으로 권합니다.

3. 리딩지저스는 그리스도를 영화롭게 하고, 전 세계에 있는 그의 교회를 세웁니다

그리스도를 영화롭게 하는 일은 참으로 우리 삶의 가장 중요한 목적입니다. 웨스트민스터 소요리문답 제1문답은 "사람의 제일되는 목적은 하나님을 영화롭게 하고 영원히 그를 즐겁게 하는 것입니다"라고 가르칩니다. 마찬 가지로 예수 그리스도께 초점을 맞추어 그분을 예배하는 것이 바로 '리딩 지저스' 프로그램의 핵심입니다.

예수님은 "내가 땅에서 들리면 모든 사람을 내게로 이끌겠노라"(요한복음 12:32)라고 말씀하셨습니다. 웨스트민스터 신학교의 '리딩지저스' 사역은 그리스도 중심 성경읽기를 통하여 십자가와 우리 주 예수 그리스도의 구원 사역을 높이 들어 올리는 것입니다. 저는 '리딩지저스'가 여러분과 여러분의 교회, 그리고 한국뿐만 아니라 전 세계적으로 그리스도를 영화롭게 하고 그분의 교회를 복되게 하리라고 믿습니다.

'리딩지저스' 프로그램을 통해 그리스도와 전 세계에 있는 그의 교회에 하나님의 모든 뜻을 선포하는 성경의 전문가를 함께 양성합시다.

피터 릴백 웨스트민스터 신학교 총장

교재 소개

우리는 모두 자신에게 익숙한 방식으로 성경을 읽습니다. 어떤 이는 성경 본문이 전하는 내용을 자세히 살피지 않고 서둘러 적용으로 넘어갑니다. 반대로 본문의 신학적 의미만 파고들지 실천은 뒷전인 사람도 있습니다. 아예 성경을 읽고 또 읽는 그 자체에만 집중하는 경우도 있습니다.

《리딩지저스》는 성경을 정확하고 풍성하게 읽도록 돕습니다. 자신이 좋아하는 본문만 골라 읽는 습관을 방지하고, 본문을 이해하는 데 다양한 관점이 있다는 것을 간과하지 않도록 안내합니다. 무엇보다 생각의 변화만이 아니라 삶의 변화를 추구합니다. 이는 성경 전체를 그리스도 중심으로 읽어 나갈 때 일어나는 반가운 소식입니다.

1 성경 그 자체를 따라
《리딩지저스》는 성경이 하나님의 영감으로 기록되었으며, 스스로 권위를 입증하는 말씀이라고 고백합니다. 이러한 신앙고백 위에서 성경이 기록된 원래 목적과 의미를 발견할 수 있도록 우리에게 성경이 주어진 그 자체를 순서대로 따라가며 성경을 통독합니다.

2 신뢰할 수 있는 신학적 틀
《리딩지저스》는 웨스트민스터 신학교의 "구약성경과 그리스도", "신약성경과 그리스도" 강의를 바탕으로 제작되어 온 교회가 신뢰하며 따라갈 수 있는 성경읽기의 신학적 틀을 제공합니다.

3 균형 있게 통합된 성경통독 교재
- 1부 성경읽기: 매일 일정한 분량씩 읽는 성경읽기
- 2부 성경수업: 성경 각 권을 그리스도 중심으로 해설한 성경수업
- 3부 성경나눔: 성경읽기와 성경수업의 내용을 바탕으로 공동체가 함께
  기도와 예배, 삶의 변화로 나아가는 성경나눔

4 그리스도 중심으로 창세기부터 요한계시록까지
일 년에 일독하는 과정(45주)
- 1권: 창세기–여호수아(7주)
- 2권: 사사기–에스더(8주)
- 3권: 욥기–아가(7주)
- 4권: 이사야–말라기(9주)
- 5권: 마태복음–로마서(7주)
- 6권: 고린도전서–요한계시록(7주)

그리스도 중심 성경읽기

성경은 단숨에 읽을 수 있는 책이 아닙니다. 1,500년에 걸쳐서 기록되었고, 66권으로 이루어져 있는 두꺼운 책입니다. 이야기와 시, 예언과 잠언, 묵시 문학 등 다양한 장르로 기록되었고, 한 번에 이해하기 어려운 본문도 많이 있습니다. 따라서 성경읽기에는 반드시 건강한 신학을 기반으로 하는 틀이 필요합니다.

《리딩지저스》는 온 교회가 신뢰하며 따라갈 수 있는 신학적 틀을 제공합니다. 100년에 가까운 기간 동안 성경에 계시된 그리스도를 붙들고 달려온 미국 웨스트민스터 신학교의 "구약성경과 그리스도", "신약성경과 그리스도" 강의가 그 내용의 토대가 되기 때문입니다. 《리딩지저스》가 안내하는 그리스도 중심 성경읽기는 다음과 같은 특징이 있습니다.

1 성경 속 하나님의 큰 그림을 보여 줍니다

《리딩지저스》는 하나님의 큰 뜻이 예수 그리스도를 통해 어떻게 이루어져 가는지를 보여 줍니다. 성경을 줄거리나 배경지식 위주로 읽거나 각 권의 주제와 쟁점에 초점을 맞춰 살피는 방식보다는, 복음의 발자취를 따라 창세기부터 요한계시록까지 성경 전체를 그리스도 중심으로 읽도록 안내하고, 삶에 적용 가능한 관점을 제공합니다.

2 예배하는 마음으로 성경을 읽도록 돕습니다

《리딩지저스》는 성경이 하나님의 영감으로 기록되었으며, 스스로 권위를 입증하는 말씀이라고 고백합니다. 이러한 신앙고백 위에서 성경이 기록된 원래 목적과 의미를 발견하여 성경 전체에서 예수 그리스도의 복음을 만나도록 돕습니다. 그 복음은 우리를 하나님께 영광을 돌리게 만들고, 이때 성경읽기는 하나님을 영화롭게 하는 예배가 됩니다.

3 **삶의 변화로 이어지는 성경의 핵심을 전합니다**
《리딩지저스》는 성경의 다양한 내용이 어떻게 하나의 이야기로 조화를 이루는지와 성경의 핵심 메시지와 어떻게 연결이 되는지를 보여 줍니다. 그리고 지금까지 많이 들어온 구약성경의 여러 인물과 이야기들이 어떻게 예수 그리스도를 향해 나아가는지와 어떻게 신약성경과 연결되는지를 안내합니다. 성경의 메시지를 선명히 알고 하나님의 뜻을 깨달을 때, 우리 삶은 진정으로 변화할 것입니다.

《리딩지저스》 활용 예시

▎충현교회 choonghyunchurch.or.kr
- 《리딩지저스》를 전 교인 성경통독에 활용
- 2022년 2,289명이 성경통독에 참여
- 주일 설교를 통독 일정과 연계하여 진행

▎대구동신교회 ds-ch.org
- 《리딩지저스》를 훈련교육과정인 성경통독반에 활용
- 2022년 1,300명이 성경통독반에 참여
- 기수별로 통독 참여자를 모집하여 진행

성경통독 활용하기

《리딩지저스》는 성경 전체를 그리스도 중심으로 읽기 원하는 사람은 누구나 쉽게 활용할
수 있습니다.《리딩지저스》에서 제공하는 45주 성경통독 스케줄에 따라 매일 성경을 읽
어 가며《리딩지저스》교재와 영상을 성경읽기 길잡이로 삼으세요.《리딩지저스》를 활용
하면 하루에 5장 남짓 성경을 읽으면서 특별한 주간이나 한 권의 교재가 끝날 때마다 한
주씩 쉬어 가더라도 일 년에 성경 일독이 가능합니다.

개인 활용법

그리스도 중심 성경읽기로
일 년에 성경 일독을 실천하
고 성경을 정확하고 풍성하
게 읽어 나가는 힘을 기를
수 있습니다.

공동체 함께 읽기

공동체가 소그룹으로 함께
모여 성경통독을 할 경우 더
욱 풍성하고 효과적인 그리
스도 중심 성경읽기를 할 수
있습니다.

전 교인 활용법

전 성도가 함께 그리스도 중
심으로 일 년에 성경 일독을
할 수 있습니다.

통독 준비

- 《리딩지저스》교재를 준비합니다. 교재는 1권(창세기-여호수아)부터 준비
하여 시작합니다. 먼저 '구약성경 개관'을 읽고《리딩지저스》와 함께 그
리스도 중심으로 성경을 읽는 것의 큰 그림을 이해합니다.

주일

- '이번 주 성경읽기표'를 확인합니다.
- 이번 주에 해당하는 리딩지저스 영상을 시청합니다. (약 10-13분 소요)
- 성경수업의 레슨 1-5를 읽습니다. (약 15-20분 소요)

월요일—토요일

- 매일에 해당하는 '성경읽기 해설'을 읽고 통독 길잡이로 삼습니다.
- 통독표에 따라 성경을 읽습니다.

마무리

- 3부 성경나눔의 '성경수업 돌아보기' 문제들을 풀어 봅니다.
- '나눔 질문'에 답을 하며, 한 주 동안 깨달은 은혜를 나의 삶에 어떻게 적
용할지 생각해 봅니다.
- '기도로 함께 소망하며'와 '하나님을 향한 찬양'으로 마무리합니다.

소그룹 운영

• 《리딩지저스》교재와 영상을 활용하면 누구나 어렵지 않게 소그룹 리더로 섬길 수 있습니다. 적게는 3-4명, 많게는 10-12명으로 소그룹을 구성하고, 리더를 정합니다.

주일

• 담당 교역자가 공유하는 리딩지저스 영상 링크를 소그룹 단체 채팅에 공유합니다.

월요일―토요일

• 담당 교역자가 공유하는 그날의 '성경읽기 해설'을 소그룹 단체 채팅에 공유합니다.
• 해당 성경 본문을 다 읽고 '완독' 또는 '창세기 1-5장 다 읽었습니다'라고 메시지를 남깁니다.
• 성경을 읽고 느낀 은혜를 짧게 나눌 수 있습니다.

모임

• '성경수업 돌아보기' 문제(빈칸 채우기)를 함께 풀어 봅니다.
• '나눔 질문'을 읽고 서로 돌아가며 자신의 이야기를 나눕니다.
• '기도로 함께 소망하며'에 기도 제목을 적고 서로를 위해 기도합니다.
• '하나님을 향한 찬양'의 시편을 함께 읽고 마무리합니다.

**전 교인
활용법**

목회 활용

• 《리딩지저스》는 목회의 현장에서 다양하게 활용될 수 있습니다. 특별히 교재와 영상을 활용하며 전 교인 성경통독과 주일 예배 설교가 함께 나아갈 때 그 열매가 가장 풍성할 것입니다.

새벽 설교

• 1부 성경읽기는 '기본 읽기'와 '핵심 읽기'로 나뉩니다.
• '핵심 읽기'에서 본문을 선택하여 새벽 설교를 준비할 수 있습니다.

주일 설교

• 한 주간 읽은 성경 범위에서 주요 본문을 선택합니다.
• 교재를 참고하여 본문이 담고 있는 그리스도 중심의 핵심을 전달합니다.
• 《리딩지저스》 성경통독을 통해 본문의 문맥을 이해하고 있는 청중에게 메시지를 전달하는 효과가 있습니다.

소그룹

• 주일 오후, 리딩지저스 영상 링크를 소그룹 리더에게 공유합니다.
• 매일 오전, 성경읽기 해설을 소그룹 리더에게 공유합니다. (성경읽기 해설은 리딩지저스 웹사이트에서 다운로드 가능)
• 간단한 설문을 통해 완독률과 소감 등을 확인하고 나눌 수 있습니다.

웹사이트 readingjesus.net

리딩지저스 웹사이트의 라이브러리를 통해 성경 읽기 해설, 리더 가이드와 교재 관련 자료들을 만날 수 있습니다.

리딩지저스 영상 & 오디오 바이블

스토리텔링 형식으로 구성한 **리딩지저스 영상**을 통해 교재의 성경수업 내용을 보다 쉽게 접근할 수 있습니다. 또한 45주 성경통독 일정에 맞추어 제작된 **오디오 바이블**을 통해 매일의 성경통독 분량을 부담 없이 완독할 수 있습니다.

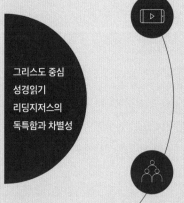

그리스도 중심
성경읽기
리딩지저스의
독특함과 차별성

컨퍼런스

리딩지저스 컨퍼런스는 그리스도 중심 성경읽기의 중요성을 확인하고 말씀으로 교회가 하나되는 구체적인 사례와 방법론을 제시합니다.

인도자 세미나

리딩지저스 인도자 세미나는 그리스도 중심 성경읽기의 중요성에 공감하여 《리딩지저스》 교재와 영상을 활용하고자 하는 목회자들을 돕기 위해 준비한 프로그램입니다. 1) 전 교인 성경통독, 2) 그리스도 중심 설교, 3) 소그룹 모임 운영을 할 수 있도록 안내합니다.

교재 활용법

《리딩지저스》는 성경을 매일 일정한 분량씩 읽는 **성경읽기**와 성경 각 권을 그리스도 중심
으로 해설한 **성경수업**, 그리고 이 두 가지를 바탕으로 한 **성경나눔**으로 구성된 성경공부
교재입니다.

리딩지저스 45주 성경통독표

45주 플랜을 따라 그리스도 중심으로
창세기부터 요한계시록까지 일 년에 일
독하는 성경통독표입니다. 45주, 43주,
40주 성경통독표는 웹사이트에서 다운
로드할 수 있습니다.

《리딩지저스》 3권 성경읽기 스케줄

매일의 '기본 읽기' 분량과 핵심 주제를
안내하는 스케줄입니다. 3권은 7주 동
안 욥기부터 아가까지 성경을 통독합
니다.

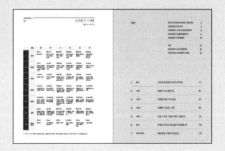

1부 성경읽기

들어가며

이번 주의 1부 성경읽기 범위와 2부 성경수업의 내용을 소개합니다.

리딩지저스 영상 안내

이번 주의 리딩지저스 영상을 소개합니다. QR코드를 찍으면 해당 영상으로 연결됩니다.

이번 주 성경읽기 스케줄

이번 주의 성경읽기 스케줄을 보여 줍니다. '기본 읽기'와 '핵심 읽기' 중 한 가지를 선택하여 그 날의 성경 본문을 읽은 후, 빈칸에 '완독' 표시를 합니다.

성경읽기 해설

그 날 읽을 성경 본문의 내용을 요약한 해설입니다. 리딩지저스 웹사이트의 라이브러리에서도 다운로드할 수 있습니다.

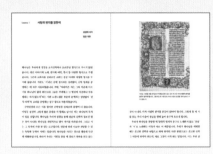

Lesson

이번 주 성경읽기와 함께 읽을 성경수업 내용입니다. 각 레슨은 미국 웨스트민스터 신학교의 "구약성경과 그리스도", "신약성경과 그리스도" 강의를 한국 교회 성도의 눈높이에 맞추어 쉽고 알차게 재구성했습니다.

리딩지저스

'리딩지저스' 페이지는 성경수업에서 다룬 이야기가 어떻게 예수 그리스도를 향해 나아가는지, 그리고 그것이 성도의 삶에 어떤 의미를 부여하는지를 보여 줍니다.

한눈에 보기

이번 주의 성경수업 내용을 한 눈에 볼 수 있도록 압축 요약하여 보여 줍니다. '한눈에 보기'를 읽으며 3부 성경나눔을 시작합니다.

성경수업 돌아보기

2부 성경수업에서 학습한 내용을 확인하는 빈칸 채우기 문제입니다. 오른쪽 페이지 하단의 정답을 참고합니다.

나눔 질문

이번 주 성경읽기와 성경수업을 통해 받은 은혜를 묵상하고 나눌 수 있는 나눔 질문입니다. 여백에 나의 이야기를 적으며, 성경통독 신앙 다이어리로 활용할 수 있습니다.

기도로 함께 소망하며

서로의 기도 제목을 나누고 함께 기도할 수 있도록 안내합니다. 성경통독 기도 수첩으로 활용할 수 있습니다.

하나님을 향한 찬양

하나님께 올려드리는 시편 찬양으로 한 주의 성경읽기, 성경수업, 성경나눔을 마무리합니다.

리딩지저스 3: 욥기-아가

삶이 변하는 예배

2022년 4월 22일 초판 1쇄 발행
2024년 2월 8일 2판 4쇄 발행

지은이   이안 더귀드
편역   웨스트민스터프레스코리아 편집부
펴낸이   권혁민

주식회사 웨스트민스터프레스코리아

주소   서울특별시 강동구 천중로 213, 520호
전화   02-2289-9081
이메일   readingjesus@wts.edu
등록   2020년 12월 30일

그리스도 중심 성경읽기 리딩지저스

READING

JESUS 3

욥기-아가: 삶이 변하는 예배

이안 더귀드

READING
JESUS

시와 지혜로 다가오시는 하나님

성경은 성령의 감동에 의해 다양한 장르로 기록되었습니다. 그렇기 때문에 성경을 읽을 때는 반드시 그 성경 본문이 속한 장르를 고려해서 읽어야 합니다. 시를 이야기처럼 읽거나, 예언서를 묵시록처럼 읽거나, 복음서를 서신서처럼 읽으면 성경 본문의 의미를 정확하게 파악하지 못하게 됩니다. 《리딩지저스》 3권에서 다룰 욥기, 시편, 잠언, 전도서, 아가는 지혜서와 시가서라는 장르에 속합니다. 각 책의 중심 특징들을 여기서 잠시 살펴보겠습니다.

시편은 전형적인 시가서로서 성경 전체에서 가장 많은 분량을 차지합니다. 시편을 비롯한 구약성경의 모든 시를 합치면 신약성경 전체보다 분량이 더 많은데, 하나님이 이토록 방대한 분량의 시로 성경을 채우신 이유는 무엇일까요? 단순히 하나님에 대한 사실적 정보만 전달하는 데서 머무르지 않고, 우리가 성경을 통해 하나님을 개인적으로 깊이 알고 영화롭게 하기를 원하셨기 때문입니다. 시는 산문과 달리 시로만 전달할 수 있는 내재적 능력이 있어서, 우리의 지성만이 아니라 감정을 돋우며, 우리의 의지에 호소하며, 상상을 촉진시키며, 우리의 전 인격에 호소합니다. 그래서 우리는 하나님을 찬양할 때 신학적 명제로 노래하지 않고 찬송과 시로 노래합니다. C. S. 루이스는 《시편 사색》에서 이렇게 말합니다.

시편은 시로서 읽어야 합니다…그렇지 않으면 그 속에 들어 있는 것은 놓치고, 없는 것을 있는 것처럼 착각하게 됩니다

욥기, 잠언, 전도서, 아가에도 시적 요소가 많지만, 이 책들은 기본적으로 지혜서라는 장르에 속합니다. 잠언이 주로 삶의 일반적 규칙성을 말해 주는 지혜서라면, 전도서와 욥기는 삶의 예외적 불규칙성을 다루는 지혜서입니다. 즉 잠언이 하나님이 만드신 세상이 어떻게 작동하는지에 대한 일반 법칙을 말해 준다면, 전도서와 욥기는 삶에서 정상적 규칙이 작동되지 않는 순간은 언제이며 이러한 규칙에 대한 예외는 무엇인지를 다룹니다. 마치 외국어를 배울 때 먼저 문장의 기초를 구성하는 정규 형태의 명사와 동사를 배우지만, 초급 이상의 문장을 읽으려면 반드시 불규칙 명사와 불규칙 동사를 다루어야 하는 것과 흡사합니다. 물론 훨씬 더 까다로운 내용이며 완전히 이해하기 전에는 언어를 온전히 이해했다고 할 수 없는 요소들입니다. 성경은 모든 지혜의 근본이 이스라엘의 하나님 여호와를 경외하는 것이라고 전제합니다(잠언 1:7; 전도서 12:13; 욥기 38-41장). 그중 잠언은 주로 이 근본 진리 자체를 다루고, 욥기와 전도서는 이 근본 진리 위에서 좀 더 어려운 삶의 질문들을 다루면서 잠언의 메시지를 보완합니다.

욥기는 흔히 생각하듯이 고난을 어떻게 극복할 수 있는지를 알려 주는 '고난 지침서'가 아닙니다. 욥기는 우리가 고통받는 이유를 정확히 알려 주지 않으면서 동시에 모든 고통이 개인적인 죄의 결과가 아님을 분명히 상기시켜 줍니다. 보다 정확하게, 욥기는 고난받는 의인이 폭풍 같은 환란 가운데서 자신의 신실함을 하나님 앞에서 변호하는 일종의 시험에 관한 지혜서입니다. 이러한 장면은 장차 오실 예수님의 모습을 미리 보여 준다고 볼 수 있는데, 예수님은 자기 백성을 구원하기 위해 고통을 참으시면서 한편으로 하나님의 공의와 거룩하심을, 또 다른 한편으로는 하나님의 긍휼과 자비를 입증하셨습니다. 따라서 욥기는 우리에게 욥의 고난과 회복 너머에 존재하는 그리스도의 죽음과 영광스러운 부활에 관한 내용을 가리키고, 그리스도의 완전한 고난 속에 담긴 우리 모두를 위한 소망을 보여 줍니다.

여호와를 경외하는 것이 지식의 근본이거늘 미련한 자는 지혜와 훈계를 멸시하느니라(잠언 1:7)

잠언의 토대가 되는 잠언 1장 7절 말씀은 잠언으로 들어가는 관문이자 잠언의 모든 구절을 보는 렌즈 역할을 합니다. 잠언은 이 기초에서 출발하여 복잡하게 얽힌 많은 진술을 선포하는데, 이 진술들은 질서 정연한 세계관, 혹은 우리가 '성경적 지혜'라고 부르는 사고 체계를 형성합니다. 그럼에도 우리는 모든 방면에서 성경의 지혜보다 관습적 지혜(conventional wisdom)에 기초해서 살고 있기 때문에 잠언을 읽을 때는 이런 관습적 지혜와 성경적 지혜를 구별하는 일이 필요합니다. 또한 잠언은 지혜서의 특징상 제한된 범위의 상황을 다루기 때문에 모든 상황에서 일반화할 수 없다는 점, 절대적 약속이나 사실을 진술한 책이 아님도 기억해야 합니다. 따라서 잠언을 읽을 때는 그 내용이 해당 상황에 적용되는지를 면밀히 살펴야 합니다.

전도서는 얼핏 보면 잠언과 정반대로 조언하며 인생을 회의론적 관점으로만 보는 듯한 인상을 줍니다. 이 땅에서의 삶은 궁극적으로 바람을 잡는 것처럼 "모든 것이 헛"된 듯 보입니다. 하지만 전도서는 두 가지 기본 사고의 균형, 즉 한편으로는 '모든 것이 헛되다'라는 삶의 현실을 분명히 직시하면서도, 다른 한편으로는 그러한 삶을 즐길 수 있는 균형을 요구합니다. 달리 표현하자면, 전도서는 삶의 좌절과 만족을 모두 경험하는 균형 잡힌 종말론을 권면합니다. '헛되고 헛된' 현재 삶의 본질을 충분히 인식하면서도, 그 삶 속에서 다가올 영광을 가득 맛보며 살자는 것입니다. 따라서 전도서는 하나님을 경외하는 것만이 이 땅에서 살아가는 지혜라는 핵심 메시지를 마지막 결론에서 명료하게 밝힙니다. 우리는 비록 헛되고 헛된 "해 아래" 삶을 살지만 하늘의 영광을 바라보며 살며, 부정적이고 회의적으로 보이는 삶을 통해 오히려 긍정적이며 영광스러운 삶을 바라보아야 한다는 것입니다.

아가는 연인의 뜨거운 사랑 이야기를 노래합니다. 독자는 이 책을 두 관점으로 접근해야 합니다. 자연적(natural) 접근으로 보면 아가는 하나님이 세우신 일부일처 관계에서 이상적 사랑의 위대함을 보여 줍니다. 또한 영적 접근으로 보면 우리 인간의 사랑이 그런 완전한 사랑에서 얼마나 부족한지를 깨닫게 하면서 궁극적으로 신랑이신 예수 그리스도의 자기 신부를 향한 완전한 사랑을 소망하게 합니다. 즉 아가는 하나님의 본래 창조 섭리에 담긴 인간의 원초적이고 친밀한 하나 됨의 아름다움을 보여 주면서 그것을 신랑이신 예수 그리스도에게까지 확장하여 그분을 바라보게 합니다. 그분은 참사랑에 실패한 죄인인 우리를 위해 완전한 사랑으로 성육신하셨고, 그 완전한 사랑을 십자가에서 구현하셨습니다. 가치 없는 신부를 맞아들이기 위해 고통을 감수하셨고, 그에게 완벽한 의의 예복을 입히시기 위해 죽음을 깨고 부활하셨습니다. 그 결과, 태초부터 우리를 사랑하신 완전하신 신랑의 품 안에 우리는 신부로서 안길 것이며, 그 신랑과 믿음으로 연합한 모든 신부는 마지막 혼인 잔치를 갈망하게 됩니다. 아가는 바로 그 사랑을 아름답게 노래합니다.

리딩지저스 45주 성경통독표

	교재	영상	1일차	2일차	3일차	4일차	5일차	6일차
인트로	1권 도입	구약개관	45주 성경통독을 시작하기 전에 구약개관을 먼저 읽거나 시청하세요.					
1주	1권 1강	창세기 1	창 1-4	창 5-8	창 9-12	창 13-16	창 17-20	창 21-24
2주	1권 2강	창세기 2	창 25-28	창 29-32	창 33-36	창 37-40	창 41-45	창 46-50
3주	1권 3강	출애굽기	출 1-6	출 7-12	출 13-19	출 20-26	출 27-33	출 34-40
4주	1권 4강	레위기	레 1-5	레 6-10	레 11-15	레 16-20	레 21-25	레 26-27
5주	1권 5강	민수기	민 1-6	민 7-12	민 13-18	민 19-24	민 25-30	민 31-36
6주	1권 6강	신명기	신 1-6	신 7-12	신 13-18	신 19-24	신 25-29	신 30-34
7주	1권 7강	여호수아	수 1-4	수 5-8	수 9-12	수 13-16	수 17-20	수 21-24
8주	2권 1강	사사기	삿 1-4	삿 5-8	삿 9-12	삿 13-16	삿 17-21	룻 1-4
9주	2권 2강	사무엘상·하 1	삼상 1-5	삼상 6-10	삼상 11-15	삼상 16-20	삼상 21-25	삼상 26-31
10주	2권 3강	사무엘상·하 2	삼하 1-4	삼하 5-8	삼하 9-12	삼하 13-16	삼하 17-20	삼하 21-24
11주	2권 4강	열왕기상·하	왕상 1-4	왕상 5-7	왕상 8-10	왕상 11-14	왕상 15-18	왕상 19-22
12주			왕하 1-4	왕하 5-8	왕하 9-12	왕하 13-16	왕하 17-20	왕하 21-25
13주	2권 5강	역대상·하	대상 1-5	대상 6-10	대상 11-15	대상 16-20	대상 21-25	대상 26-29
14주	2권 6강	유배기	대하 1-6	대하 7-12	대하 13-18	대하 19-24	대하 25-30	대하 31-36
15주	2권 7강	에스라·느헤미야·에스더	스 1-5	스 6-10	느 1-6	느 7-13	에 1-5	에 6-10
16주	3권 1강	욥기	욥 1-7	욥 8-14	욥 15-21	욥 22-28	욥 29-35	욥 36-42
17주	3권 2강	시편 1	시 1-6	시 7-12	시 13-18	시 19-24	시 25-30	시 31-36
18주	3권 3강	시편 2	시 37-42	시 43-48	시 49-54	시 55-60	시 61-66	시 67-72
19주	3권 4강	시편 3	시 73-78	시 79-84	시 85-90	시 91-96	시 97-102	시 103-109
20주	3권 5강	시편 4	시 110-115	시 116-120	시 121-125	시 126-130	시 131-140	시 141-150
21주	3권 6강	잠언	잠 1-5	잠 6-10	잠 11-15	잠 16-20	잠 21-25	잠 26-31
22주	3권 7강	전도서·아가	전 1-3	전 4-6	전 7-9	전 10-12	아 1-4	아 5-8

• 《리딩지저스》는 개 교회의 상황에 맞추어 통독 스케줄을 선택할 수 있도록 45주, 43주, 40주의 플랜을 제공합니다. 한 해 동안 우리 교회의 일정, 절기 및 특별 주간을 고려하여 선택하길 바랍니다. 성경통독표는 웹사이트에서 다운로드할 수 있습니다.

	교재	영상	1일차	2일차	3일차	4일차	5일차	6일차
23주	4권 1강	이사야	사 1-5	사 6-10	사 11-15	사 16-20	사 21-25	사 26-30
24주			사 31-36	사 37-42	사 43-48	사 49-54	사 55-60	사 61-66
25주	4권 2강	예레미야	렘 1-5	렘 6-10	렘 11-15	렘 16-20	렘 21-25	렘 26-30
26주			렘 31-35	렘 36-40	렘 41-45	렘 46-50	렘 51-52	애 1-5
27주	4권 3강	에스겔	겔 1-4	겔 5-8	겔 9-12	겔 13-16	겔 17-20	겔 21-24
28주			겔 25-28	겔 29-32	겔 33-36	겔 37-40	겔 41-44	겔 45-48
29주	4권 4강	묵시문학과 다니엘	단 1-4	단 5-8	단 9-12	호 1-5	호 6-10	호 11-14
30주	4권 5강	소선지서	욜 1-암 3	암 4-9	옵 1-욘 4	미 1-7	나 1-합 3	습 1-3
31주			학 1-2	슥 1-5	슥 6-10	슥 11-14	말 1-2	말 3-4
32주	5권 1강	복음서 1	마 1-3	마 4-6	마 7-9	마 10-12	마 13-15	마 16-18
33주	5권 2강	복음서 2	마 19-21	마 22-24	마 25-28	막 1-5	막 6-10	막 11-16
34주	5권 3강	복음서 3	눅 1-4	눅 5-8	눅 9-12	눅 13-16	눅 17-20	눅 21-24
35주	5권 4강	복음서 4	요 1-4	요 5-8	요 9-12	요 13-16	요 17-19	요 20-21
36주	5권 5강	사도행전 1	행 1-3	행 4-5	행 6-8	행 9-10	행 11-13	행 14-15
37주	5권 6강	사도행전 2	행 16-18	행 19-20	행 21-22	행 23-24	행 25-26	행 27-28
38주	5권 7강	로마서	롬 1-3	롬 4-6	롬 7-8	롬 9-11	롬 12-14	롬 15-16
39주	6권 1강	바울 서신 1	고전 1-4	고전 5-8	고전 9-12	고전 13-16	고후 1-3	고후 4-6
40주	6권 2강	바울 서신 2	고후 7-9	고후 10-13	갈 1-6	엡 1-3	엡 4-6	빌 1-4
41주	6권 3강	바울 서신 3	골 1-4	살전 1-5	살후 1-3	딤전 1-6	딤후 1-4	딛-몬
42주	6권 4강	일반 서신 1(히브리서)	히 1-3	히 4-6	히 7-9	히 10-13	약 1-3	약 4-5
43주	6권 5강	일반 서신 2(요한일서)	벧전 1-5	벧후 1-3	요일 1-3	요일 4-5	요이-요삼	유다서
44주	6권 6강	요한계시록 1	계 1	계 2-3	계 4-5	계 6-7	계 8-9	계 10-11
45주	6권 7강	요한계시록 2	계 12-13	계 14-15	계 16-17	계 18-19	계 20-21	계 22

성경읽기 스케줄
(욥기-아가)

	영상	월	화	수	목	금	토
1주	욥기	욥 1-7 욥 이야기	욥 8-14 욥과 세 친구의 첫 번째 논쟁	욥 15-21 욥과 세 친구의 두 번째 논쟁	욥 22-28 욥과 세 친구의 세 번째 논쟁	욥 29-35 욥을 책망하는 엘리후	욥 36-42 논쟁에 친히 답하시는 하나님
2주	시편 1	시 1-6 성도의 삶에서 역사하시는 하나님을 노래하라	시 7-12 성도의 기도를 들으시는 하나님	시 13-18 다윗이 노래하는 하나님의 역사	시 19-24 영광의 왕이요 목자 되시는 하나님	시 25-30 우러러볼 때 응답하시는 하나님	시 31-36 주님께 피하라
3주	시편 2	시 37-42 소망의 노래	시 43-48 우리의 영원한 피난처	시 49-54 의인을 건지시며 악인을 심판하시는 분	시 55-60 우리에게 은혜를 베푸소서	시 61-66 내가 간절히 찾을 유일하신 분	시 67-72 이새의 아들 다윗의 기도가 끝나니라
4주	시편 3	시 73-78 하나님께 가까이함이 복이라	시 79-84 하나님이여, 빛을 비추소서	시 85-90 내 구원의 하나님이여, 귀를 기울여 주소서	시 91-96 여호와께 노래하며 즐거이 외치자	시 97-102 여호와여 내 기도를 들으소서	시 103-109 여호와께 감사하라
5주	시편 4	시 110-115 우리가 구해야 할 복, 우리가 높여야 할 이름	시 116-120 달고 오묘한 하나님 말씀	시 121-125 우리의 영원한 도움이 되시는 하나님을 노래하라	시 126-130 모든 삶 속에서 하나님을 바라보라	시 131-140 끝없는 감사를 올려드리라	시 141-150 왕이신 하나님을 찬양하라
6주	잠언	잠 1-5 진정한 지혜는 하나님을 경외하는 것	잠 6-10 지혜로운 자는 어떻게 행동해야 할까?	잠 11-15 하나님의 백성은 어떻게 살아야 할까?	잠 16-20 지혜로운 사람이 추구하는 것	잠 21-25 이웃을 보듬고 정의를 행하라	잠 26-31 언약 백성의 삶
7주	전도서 아가	전 1-3 헛되다!	전 4-6 해 아래에서 살펴보니…	전 7-9 삶을 누려라	전 10-12 모든 사람의 본분	아 1-4 사랑의 속삭임으로 가득한 노래	아 5-8 사랑의 정점

• **일러두기** 이 책에서 인용한 성경은 대한성서공회의 개역개정판을 따랐으며, 다른 판본은 표기하였습니다.

목차

미국 웨스트민스터 신학교와 '리딩지저스'　　　2

《리딩지저스》 교재 소개　　　6

《리딩지저스》 그리스도 중심 성경읽기　　　8

《리딩지저스》 성경통독 활용하기　　　10

《리딩지저스》 교재 활용법　　　15

서문　　　22

《리딩지저스》 45주 성경통독표　　　28

《리딩지저스》 3권 성경읽기 스케줄　　　30

1　욥기　　　고난을 통과하며 만나는 하나님　　　34

2　시편 1　　　시편을 시로 읽는 법　　　68

3　시편 2　　　시편의 여러 가지 얼굴　　　102

4　시편 3　　　시편의 시작과 1-2권　　　134

5　시편 4　　　시편 3-5권, 그리고 예수 그리스도　　　166

6　잠언　　　지혜의 근본은 하나님을 경외하는 것　　　200

7　전도서·아가　　　헛된 삶을 사랑의 인생으로　　　232

1

욥기

성경읽기 욥기 1-42장
성경수업 고난을 통과하며 만나는 하나님
성경나눔

Lesson 1   인생이 송두리째 뽑히는 시험
Lesson 2   가차 없는 소발이 놓친 것은
Lesson 3   엘리후의 해석만으로는
Lesson 4   하나님이 하나님이신 이유
Lesson 5   죽음 같은 고난을 거치고 나서야 비로소

욥기에
들어가며

지혜서 장르에 속하는 욥기는 풍성한 축복 속에서 번영을 누렸던 한 사람이 한순간에 모든 것을 잃어버리고 극심한 고난의 터널을 지난 후 다시 회복되는 이야기를 기록합니다. 욥은 친구들과 대화를 나누면서 고난의 이유에 대해 논쟁을 펼치는데 그 이야기 너머에는 욥 자신은 알지 못하고 오직 독자들만 아는 하나님과 사탄의 대화가 있습니다. 욥기에는 하나님을 재판하고 싶은 욥의 마음, 욥을 재판하시는 하나님의 모습, 사탄이 제기하는 욥의 혐의에 대해 하나님이 변호하시는 내용이 재판의 양상으로 등장합니다. 욥기는 경건과 번영, 혹은 죄와 벌이라는 인과관계에 대한 흔한 오해에 도전을 제기하며, 우리가 비록 고통의 이유를 모른다고 해도 하나님의 탁월한 지혜를 신뢰한다면 결국 그 앞에 무릎 꿇고 경배해야 한다는 사실을 가르칩니다.

욥기 3장에서 37장은 욥이 자신의 고난을 토로하고 욥의 친구들이 변론하는 내용입니다. 그들의 대화는 장황하지만 부분적인 진리만 말할 뿐, 욥의 고난과 하나님에 대한 온전한 답을 제시하지 않습니다. 결국 하나님이 직접 말씀하시는 38장에 이르러서야 욥기의 핵심 메시지가 펼쳐집니다.

이번 주에는 욥기 전체를 통독하면서, 성경수업을 통해 욥기 이야기에서 더 나아가 궁극적으로 고통의 십자가에서 우리를 변호하시며 하나님의 영원한 임재 안에서 우리를 축복하시는 그리스도를 살펴보겠습니다.

리딩지저스 3권 1강: 욥기

QR코드를 찍으면 '욥기' 리딩지저스 영상으로 바로 연결됩니다. 또는 유튜브에서 '리딩지저스 욥기'를 검색하여 시청할 수 있습니다. '성경읽기'와 '성경공부'를 시작하기 전에 리딩지저스 영상을 시청하면 도움이 됩니다.

QR코드를 찍으면 **리딩지저스 오디오 바이블**로 연결됩니다. 45주 성경통독 일정에 맞추어 제작된 **오디오 바이블**을 통해 매일의 성경통독 분량을 부담 없이 완독할 수 있습니다. 그리스도 중심 성경읽기 《리딩지저스》와 함께하는 성경통독을 통해 하나님과 동행하는 하루하루가 되기를 소망합니다.

이번 주 성경읽기 스케줄

주일	리딩지저스 영상 시청, 성경수업 읽기			
	기본 읽기		핵심 읽기	
월	욥 1-7장	완독	욥 2장	
화	욥 8-14장		욥 11장	
수	욥 15-21장		욥 21장	
목	욥 22-28장		욥 28장	
금	욥 29-35장		욥 31장	
토	욥 36-42장		욥 42장	

1일차 **욥 이야기**

기본 읽기 욥기 1-7장
핵심 읽기 욥기 2장

욥기는 우스 땅에 사는 욥이라는 경건한 인물을 사탄이 시험하는 장면으로 시작합니다. 자녀들과 재산을 순식간에 송두리째 잃어버린 욥은 하나님의 주권을 찬양하지만 시험은 계속되고, 욥을 위로하러 온 세 친구 엘리바스, 빌닷, 소발은 욥을 위로하기보다는 욥과 논쟁을 시작합니다. 욥과 세 친구가 벌이는 논쟁은 무척 정교하고 논리적이어서 우리가 욥기를 어려워하고 멀리하는 이유가 되기도 합니다. 하지만 욥기를 다 읽고 나면, 공의로우신 하나님의 성품을 조금 더 깊이 이해할 수 있을 것입니다. 자, 이제 조심스럽게 욥과 세 친구의 이야기를 경청해 봅시다.

2일차 **욥과 세 친구의 첫 번째 논쟁**

기본 읽기 욥기 8-14장
핵심 읽기 욥기 11장

8장에서 빌닷은 고통으로 불평하는 욥을 나무랍니다. 하나님이 정의롭지 않은 행동을 하실 리가 없다는 것입니다. 죽은 자녀들은 자신들 죄 때문에 죽었으니 욥 역시 하나님 앞에서 의로워질 것을 촉구합니다. 이러한 빌닷의 대답에 욥은 사람이 어떻게 하나님 앞에서 의로울 수 있겠냐며 항변합니다. 욥은 자신의 처지를 크게 한탄합니다. 그러자 이번에는 소발이 나서서 욥의 태도를 지적하며 회개하라고 나무랍니다. 소발의 말에 욥은 섭섭함을 표시합니다. 그리고 자신의 세 친구에게 항변합니다. 다른 한편으로는 하나님께 어째서 자신을 원수로 여기시는지 기도하며, 나락으로 떨어져 버린 자신의 처지를 계속해서 한탄합니다.

3일차 욥과 세 친구의 두 번째 논쟁

기본 읽기 욥기 15-21장
핵심 읽기 욥기 21장

엘리바스가 나서서 욥의 한탄과 기도를 꾸짖으며 두 번째 논쟁이 시작됩니다. 엘리바스는 욥의 말이 자기 자신을 정죄한다고 주장합니다. 그러한 엘리바스에게 욥은 자신을 위로하러 세 사람이 찾아온 것을 상기시키며, 그들의 지적에 자신은 이제 죽음을 갈망한다고 한탄합니다. 이번에는 빌닷이 나서서 나머지 세 사람을 지적하며 악인은 반드시 처벌받는다는 논리를 전개합니다. 이에 욥은 하나님이 자신의 대속자가 되실 것이라고 외칩니다. 이러한 욥의 주장을 듣고 소발은 그를 책망합니다. 하나님은 악인을 심판하시는데, 욥 또한 악인이라고 외칩니다. 그러자 욥은 악인이 심판받지 않고 오히려 번성하고 있다고 지적합니다. 그리고 세 사람이 본래 자신을 위로하러 왔다는 것을 다시 한번 지적하며 그들의 대답을 책망합니다.

4일차 욥과 세 친구의 세 번째 논쟁

기본 읽기 욥기 22-28장
핵심 읽기 욥기 28장

욥의 대답을 들은 엘리바스가 입을 열며 세 번째 논쟁이 시작됩니다. 엘리바스는 욥 또한 죄가 있으니 하나님과 화목하고 평안하라고 권면합니다. 그러자 욥은 하나님이 숨어 계신다며, 한편으로는 자신의 길을 하나님이 아신다고 강변합니다. 빌닷은 여전히 하나님이 의로우시다는 말을 반복하고, 욥은 빌닷을 꾸짖습니다. 이때 욥의 대답에서 "힘없는 자", "기력 없는 팔"이라는 단어가 등장합니다. 욥은 자신을 위로해 주러 왔다는 친구들이 오히려 자신을 책망하고 반론을 펼치는 상황에 지쳐 버린 것 같습니다. 욥은 자신의 원수들이 하나님 앞에서 악인같이 되기를 간절히 바랍니다. 그리고 지혜와 명철은 인간들이 찾을 수 없고 오직 하나님께 얻을 수 있다고 말합니다.

욥을 책망하는 엘리후

기본 읽기 욥기 29-35장
핵심 읽기 욥기 31장

세 친구와의 논쟁이 끝나자 욥은 자기 삶을 돌아봅니다. 과거에 욥은 많은 사람을 돕고 베풀며 살았지만, 이제 사람들이 자신을 비웃는 것을 보며 한탄합니다. 그런 자신의 무죄함을 하나님은 아실 것이라고 변명합니다. 그러자 갑자기 부스 사람 바라겔의 아들 엘리후가 화를 내며 논쟁을 시작합니다. 엘리후는 자신보다 연장자인 세 친구가 입을 다무는 것을 보고 화가 났습니다. 엘리후는 욥의 주장을 조목조목 반박하면서 욥은 의인이 아니고 하나님 앞에서 죄를 지었다고 주장합니다. 무엇보다 욥이 하나님 앞에서 자신의 무죄함을 항변한 것을 강한 어조로 비판합니다. 욥은 엘리후의 이런 태도가 상당히 불쾌합니다.

6일차 **논쟁에 친히 답하시는 하나님**

기본 읽기 욥기 36-42장
핵심 읽기 욥기 42장

엘리후는 강한 어조로 계속해서 욥을 비판합니다. 하나님의 크심을 강조하며 욥이 회개해야 한다고 촉구합니다. 그렇게 엘리후의 말이 끝나자, 폭풍우 가운데서 하나님이 욥에게 친히 말씀을 주십니다. 하나님은 욥에게 누가 세상을 다스리는지를 물으십니다. 자연의 이치를 주관하시는 하나님이 그 이치를 지적하신 후, 이번에는 욥에게 베헤못이나 리워야단과 같은 거대한 짐승을 다스릴 수 있는지를 물으십니다. 이를 통해 하나님은 천하를 다스리는 하나님의 권능을 말씀하십니다. 하나님의 답변에 욥은 그분께 온전히 엎드립니다. 길고 지루한 논쟁이 끝나고 하나님은 엘리바스에게 번제를 드릴 것을 명하시고, 욥이 친구들을 위해 기도하자 하나님은 이전보다 더 큰 복을 주셔서 욥을 회복하십니다.

고난을
통과하며
만나는 하나님

내가 주께 대하여 귀로 듣기만 하였사오나
이제는 눈으로 주를 뵈옵나이다
그러므로 내가 스스로 거두어들이고
티끌과 재 가운데에서 회개하나이다
욥기 42장 5-6절

인생이 송두리째 뽑히는 시험

욥기

1:1-2:10

욥기는 욥의 삶을 경건과 번영이라는 두 가지 특징으로 묶어서 소개한 후, 바로 지상에서 천상으로 초점을 옮깁니다. 물론 이런 내용을 당사자인 욥은 모르고 독자에게만 공개됩니다. 욥을 칭찬하시는 하나님 앞에서 사탄은 거짓 주장을 펼칩니다. 욥이 하나님을 잘 섬기는 이유는 욥이 가진 좋은 것들 때문이라고 주장합니다. 전지전능하신 하나님은 이 비난이 거짓임을 아시면서도 정면으로 부인하시지 않고, 오히려 욥의 가족과 재산을 빼앗도록 사탄에게 시험을 허용하십니다. 그 결과 욥은 상상하기 어려운 대참사를 네 번 연속 당하면서도, 이러한 찬양을 하나님께 올립니다.

> 주신 이도 여호와시요 거두신 이도 여호와시오니 여호와의 이름이
> 찬송을 받으실지니이다(욥기 1:21)

이는 놀라운 하나님의 은혜의 결과를 보여 주는 고백입니다. 이어서 1장은 이렇게 결론을 맺습니다.

이 모든 일에 욥이 범죄하지 아니하고 하나님을 향하여 원망하지 아니하니라(욥기 1:22)

그러나 첫 번째 시험에서 욥의 소유물과 자녀들에게만 손을 댔던 사탄은 곧이어 주님께 허락을 받아 욥의 온몸에 종기가 나게 합니다. 여기서 주목할 점은, 사탄의 악에 한계를 정하신 분도 하나님이시며 이 싸움을 시작하신 분도 주님이시라는 것입니다. 이번에는 욥의 아내가 "하나님을 욕하고 죽으라"라고 악담을 퍼붓지만, "이 모든 일에 욥이 입술로 범죄하지 아니하니라"(욥기 2:10)라며 일단락을 맺습니다. 얼핏 보기에 욥은 두 차례 시험을 모두 무난히 통과한 듯 보이지만, "욥이 입술로 범죄하지 아니하니라"라는 구절에서 미해결 상태의 느낌이 엿보입니다. "입술"로는 범죄하지 않았지만, 마음에는 문제가 있었던 것일까요? 아니나 다를까, 다음 장면부터 이후 욥기의 대부분은 욥과 그 친구들 사이에 펼쳐지는 논쟁을 다루는데, 이 과정에서 욥은 자신이 처한 가혹한 현실과 극심하게 싸우며 씨름하게 됩니다.

욥기를 시작하면서 우리는 왜 주님이 욥에 대해 거짓말하는 사탄을 꾸짖지 않으시는지, 왜 욥을 평화롭게 살도록 놔두지 않으시는지, 의아할 수 있습니다. 주님은 모든 일을 자신의 영광과 우리의 선을 위해 하시는데, 욥의 고난도 이러한 주님의 목적에 부합해야 하기 때문이라고 그 이유를 설명할 수 있습니다. 결과적으로 욥은 많은 고난을 견디어 냄으로써 하나님께 영광을 돌리고, 고난이라는 섭리를 통해서 하나님과 자신의 마음을 더 잘 이해하게 됩니다. 우리 중 누구도 욥과 똑같은 방식으로 고난을 겪지는 않을 것입니다. 즉 이해할 수 없는 고통 중에도 여전히 하나님께 충실한지를 사탄에게 보여 주기 위한 방식으로 고난을 겪지는 않습니다. 그런 면에서 욥의 고난은 독특했으나, 우리 그리스도인들은 모두 어떤 식으로든 고난을 겪습니다.

> 제자들의 마음을 굳게 하여 이 믿음에 머물러 있으라 권하고 또 우리가 하나님의 나라에 들어가려면 많은 환난을 겪어야 할 것이라 하고
>
> (사도행전 14:22)

그럴 때면 욥의 친구들이 주장한 잘못된 추론을 믿고 싶은 유혹이 생길 수도 있습니다. 하지만 우리는 고난을 통해서 우리의 불신앙을 깨닫고 그 과정 가운데 오직 하나님만 신뢰하고 그분께만 매달려야 한다는 교훈을 욥기에서 얻습니다.

Lesson 2　　**가차 없는 소발이 놓친 것은**

욥기

11장

산문 형식의 서론 후에 펼쳐지는 욥기의 줄거리는 세 친구 엘리바스, 빌닷, 소발과 세 번 회전하며 주고받는 대화 형식으로 진행됩니다(욥기 4-14장: 15-21장: 22-31장). 세 친구들은 욥을 위로하려고 찾아왔다지만 정작 시작부터 터진 상처에 소금을 뿌리듯 욥의 고난을 더 악한 상황으로 몰고 갑니다. 더구나 이들의 말 중에 일부는 진리이지만 어떤 말은 거짓이므로 주의 깊게 살피며 읽어야 합니다. 한 가지 예로, 첫 회전의 세 번째 주자인 소발의 말을 살펴봅시다(욥기 11장).

　소발은 동정심 없는 인간의 모습을 대표한다고 말할 수 있습니다. 그의 세계에서는 모든 것이 흑백 논리로 설명되며 모든 문제는 단순하게 처리됩니다. 욥이 자신을 변호하고 마음의 고통을 쏟아 내는 것에 대해 말이 너무 많다면서 냉정하게 잘라 버립니다. 그러고는 앞서 말했던 엘리바스와 빌닷과 마찬가지로 고통받는 자들은 모두 자신의 죄 때문이라는 인과응보적 해석을 제시합니다. 하지만 죄와 타락의 결과로 고통이 초래되는 것이 세상의 일반적 패턴이지만, 동시에 예외가 있다는 점을 욥기는 분명하게 일깨워 줍니다.

소발의 말 중에서 특히 7-9절을 주목할 필요가 있는데, 그는 여기서 욥에게 신학적으로 참된 진리를 말합니다. 하지만 욥에게 필요한 것은 이미 알고 있는 진리에 대한 신학적 강의가 아니라(욥기 12:3), 자신의 곁에 함께 있으면서, 슬퍼하는 동안 함께 슬퍼하고, 자신을 위해 기도해 주고, 하나님의 신실하심과 자비에 대한 성경적 진리로 위로해 주며, 진심으로 격려해 주는 친구들이었습니다. 그런데 소발은 이 '진리'의 말로 욥을 격려하는 것이 아니라 결과적으로 오히려 그에게 더 상처를 입히고 그를 학대하기에 이릅니다. 이는 참되고 바른 신학이라도 자칫하면 치유하는 수술칼이 아니라 해치는 칼이 될 수 있음을 보여 주는 일례입니다. 참된 지혜는 단순히 사실만 말하지 않고 "오직 사랑 안에서" 참된 것을 말함으로써 모든 면에서 그리스도의 완전한 성숙으로 나아가는 것입니다.

> 우리가 다 하나님의 아들을 믿는 것과 아는 일에 하나가 되어 온전한 사람을 이루어 그리스도의 장성한 분량이 충만한 데까지 이르리니 이는 우리가 이제부터 어린 아이가 되지 아니하여 사람의 속임수와 간사한 유혹에 빠져 온갖 교훈의 풍조에 밀려 요동하지 않게 하려 함이라 오직 사랑 안에서 참된 것을 하여 범사에 그에게까지 자랄지라 그는 머리니 곧 그리스도라(에베소서 4:13-15)

고난당하는 이들을 대할 때 우리는 소발처럼 하나님 뜻을 다 알고 있는 듯 스스로 착각하며 그들에게 더 상처를 주지 않도록 신중해야 합니다. 물론 고난을 통해 하나님이 일하시는 것을 우리는 알고 있습니다. 고난을 통해 우리를 겸손하게 하시고, 우리의 욕심을 누그러뜨리시며, 하나님을 의지하게 하시고, 시련 속에서 우리를 지탱하게 하는 하나님의 능력을 보여 주기 원하신다는 것을 압니다. 그러나 구체적인 고통의 상황에서 하나님이 무엇을 목표하시는지에 대해 우리는 경솔하게 판단해서는 안 되며, 특히 하나님의 뜻을 장담하지 말아야 합니다. 오히려 우리 자신이나 타인이 고통을 당할 때, 그 고통이 아버지께 더 가까이 나아가 그분을 더 겸손히 의지할 기회가 되어서 아버지께서 우리의 고통을 헛되게 하지 않으실 것이라고 서로 격려해야 합니다.

　　엘리후의 해석만으로는

욥기

32-33장

욥이 자신을 의인으로 여기므로 그 세 사람이 말을 그치니(욥기 32:1)

욥기 32장 1절은 지금까지 이어지던 이야기의 흐름을 확실하게 끊습니다. 세 친구에 이어 네 번째로 등장한 엘리후는 욥의 친구들보다 젊었기 때문에 당시 문화에 따라 잠잠히 듣고만 있다가, 이들이 신학적 논쟁만 펼칠 뿐 아무런 결과를 내지 못하자 화를 내면서 말을 시작합니다. 그는 자기 자신을 정당화하는 욥에 대해, 그리고 욥에게 적절하게 답하지 못하는 세 친구에 대해 분노를 터뜨립니다. 본문이 그가 화를 냈다고 세 번이나 반복하는 것은(2, 3, 5절) 그의 화를 문제점으로 지적하는 듯 보입니다. 일반적으로 분노는 다른 사람의 말을 경청하거나 공감하는 능력을 방해하는 경향이 있으니까요.

33장에서 엘리후는 욥에게 자기 말을 들어야 하는 이유를 장황하게 설명하지만(1-4절), 그도 욥처럼 진흙에서 만들어진 존재일 뿐(6절), 장엄한 하나님의 위엄으로 욥을 두렵게 하지는 못합니다(7절). 하지만 엘리후에게 배울 수 있는 한 가지 핵심 교훈은, 고통이 단순히 인류에 대한 하나님의 심판이 아니라는 것입니다. 욥의 경우처럼 사탄의 공격에서 비롯된 고통일지라도, 그 고통은 궁극적으로 하나님의 사역 안에서 진행되며, 신자의 삶에서 하나님의 목적을 이루는 수단이 되기도 합니다. C. S.루이스가 "고통은 귀먹은 세상을 깨우는 하나님의 확성기"라고 말했듯이, 하나님의 목적은 축복과 상급만이 아니라 때로는 깊은 어둠을 통과하며 성취되기도 합니다.

엘리후는 욥의 고통이 그의 죄 때문에 생긴 필연적 결과라고 주장하는 대신에, 고난이 신자의 삶에 미칠 수 있는 긍정적 가치가 있다고 확신합니다. 세 친구는 욥의 고난이 그의 죄 때문이라고 보지만, 엘리후는 하나님이 고난을 심판이 아니라 복을 주시기 위한 시련으로 삼으실 수 있다는 가능성을 제시합니다. 또한 그는 욥의 고난과 죄의 명확한 연관성을 설명하기보다 이 세상을 향한 하나님의 긍정적 목적을 변호하기 위해 최선을 다합니다. 하지만 이런 그의 주장 역시 완전하지는 않으며, 어떤 면에서는 욥기의 해결을 지연시킬 뿐입니다. 욥기의 궁극적 해결은 오직 주님이 자신을 스스로 계시하실 때만 실현됩니다.

결국 우리에게는 엘리후보다 더 나은 중재자가 필요합니다. 엘리후는 고난에 대한 하나님의 긍정적 목적을 욥에게 제시할 수는 있지만, 예수님처럼 욥의 고난을 스스로 떠맡지는 못합니다. 엘리후는 욥을 가르칠 수 있지만, 예수님은 우리를 속죄하실 수 있습니다. 예수님은 우리가 죄에 깊이 빠져 있을 때 분노하지 않으시고 우리를 바라보십니다. 그분은 이 땅에 계시는 동안 자기 주위를 둘러싼 무리를 목자 없는 양을 대하듯 긍휼로 끌어안으셨습니다(마태복음 9:36). 예수님은 우리와 같은 모양으로 오셔서 우리를 위해 고난을 받으셨고, 욥과 같은 의인이라도 마땅히 받아야 할 극한 고난에서 우리를 해방하셨습니다. 결국 예수님은 욥이 찾지 못했던 하나님과 사람 사이의 궁극적 중보자이십니다.

> 만일 일천 천사 가운데 하나가 그 사람의 중보자로 함께 있어서 그
> 의 정당함을 보일진대 하나님이 그 사람을 불쌍히 여기사 그를 건져
> 서 구덩이에 내려가지 않게 하라 내가 대속물을 얻었다 하시리라(욥
> 기 33:23-24)

> 하나님은 한 분이시요 또 하나님과 사람 사이에 중보자도 한 분이시
> 니 곧 사람이신 그리스도 예수라(디모데전서 2:5)

Lesson 4 　　　# 하나님이 하나님이신 이유

욥기
38-42장

욥기의 절정은 오랜 논쟁 끝에 마침내 하나님이 나타나셔서 말씀하시는 부분입니다(욥기 38-42장). 하나님은 두 번이나 폭풍 가운데서 욥에게 말씀하시는데, 첫째는 하나님의 지혜에 대해(욥기 38:1-40:5), 둘째는 하나님의 능력에 대해(욥기 40:6-42:6) 말씀합니다. 첫 번째 말씀에서는 인간이 경험할 수 있는 자연 세계 영역에 관해 욥이 대답할 수 없는 많은 질문을 던지시고, 두 번째 말씀에서는 인간이 전혀 이해할 수도, 파악할 수도 없는 초자연적 영역으로 무대를 옮기셔서 "베헤못"과 "리워야단"을 예화로 하나님의 위대한 능력을 설명하십니다. 욥은 초자연적 공격을 받고 있었으므로 주님이 초자연적 세계까지 다스리시는 창조주라는 설명이 필요했을 것입니다. 베헤못과 리워야단은 초자연적인 동물로 각각 본문에서 하마와 비슷한 땅 짐승과 악어와 흡사한 바다짐승으로 묘사되는데, 이 둘은 모두 고대 문헌에서는 거대할 뿐 아니라 혼돈과 악을 상징하며 신에 대항하는 무서운 동물로 묘사됩니다. 욥기 저자는 이들의 무시무시한 맹렬함과 힘을 장황하게 묘사하면서, 이런 괴물조차도 전능자의 능력을 능가할 수는 없으며, 결국 그것들까지도 하나님이 창조하셨음을 보여 줍니다.

마지막 장에서 주목할 점은 하나님이 욥의 건강과 재물을 회복하시기 전에, **욥이 먼저 여호와께 회개하며 자신을 복종**시킨다는 것입니다.

주님의 두 차례 질문이 끝날 때마다 욥은 하나님께 회개하며 그 앞에 복종합니다(욥기 40:3-5; 42:5-6). 그리고 욥기 이야기는 드디어 이 지점에서 갈등의 실마리를 풀게 됩니다. 욥은 자신이 왜 고난받아야 했는지를 여전히 이해할 수 없었지만, 그럼에도 하나님의 탁월한 지혜와 권능에 겸손히 복종합니다. 그는 하나님의 능력과 지혜는 헤아리기 어려울 정도로 크시고 자신의 지혜와 능력에는 한계가 있음을 새롭게 깨닫고 주님의 위대하심이 드러나는 계시 앞에 복종함으로써 겸손과 회개의 자리로 나아갑니다. 욥은 고난을 통해서 하나님께 멸망당하거나 짓밟히지 않았으며, 하나님은 욥에게 자신을 변론하실 뿐 아니라 당신의 종에게 깊은 관심을 보이십니다.

특히 마지막 장에서 주목할 점은 하나님이 욥의 건강과 재물을 회복하시기 전에(욥기 42:7-17), 욥이 먼저 여호와께 회개하며 자신을 복종시킨다는 것입니다(욥기 42:1-6). 욥기 첫머리에서 사탄이 제기했던 욥에 대한 비난은 결론 부분에서 거짓으로 증명되는 셈입니다. 욥은 사탄의 비난과는 정반대로 고통 가운데서 하나님을 저주하거나 죽지 않았을 뿐 아니라, 병들고 재산과 자식과 모든 것을 잃고도 오히려 티끌과 재 가운데서 회개하며 하나님께 매달렸습니다. 그리고 그것은 하나님이 욥에게 복을 주셨기 때문에 취한 행동이 아니라 오직 하나님을 향한 욥의 순수한 믿음의 반응이었습니다. 바로 이 부분에서 하나님은 욥을 옳다고 하시고 사탄을 틀렸다고 말씀하십니다. 이러한 욥의 회복을 통해 우리는 욥이 자신의 죄 때문에 고난당한 것이 아니라는 사실과 하나님은 자신의 종들을 풍성하게 축복하실 수 있는 능력의 주님이라는 사실을 확인합니다.

Lesson 5 **죽음 같은 고난을 거치고 나서야 비로소**

욥기
42:7-17

욥기의 결말은 욥이 고난당하기 전에 누렸던 물질적 부와 사회적 위치를 복원하고 자신의 계보를 이어 갈 새 가족을 회복하여 새로운 출발선으로 돌아가는 내용입니다. 하나님은 먼저 욥의 친구들에 대해 분노하시며 욥을 변론하십니다. 욥이 고통 가운데 탄식했던 말들에 대해서는 욥을 심판하시 않으십니다. 더 나아가 주님은 욥기 전반에 걸쳐 나타나는 욥의 모습, 하나님을 떠나지 않고 오히려 하나님께로 나아가는 그 모습이 근본적으로 정당하다고 확증해 주십니다. 바로 이 부분이 욥과 친구들이 논쟁을 벌이기 전에 이미 주님과 사탄의 대화로 시작된 욥기 이야기의 최종적 해결입니다. 즉 사탄의 주장을 꺾고 주님의 승리가 온전히 이루어지려면 욥의 의로움을 공개적으로 부인했던 친구들 앞에서 욥의 정당성이 공개적으로 입증되어야 했는데, 바로 욥의 온전한 회복을 모든 사람 앞에서 보여 주심으로써 그 정당성을 입증하십니다.

결과적으로 욥은 하나님의 공적 영광을 위해 회복됩니다. 하나님은 자신의 신실한 종을 보호하고 책임질 능력이 있는 주님이심을 스스로 입증하십니다. 하나님은 자신의 뜻에 따라 하나님의 종들에게서 좋은 것들을 일시적으로 또는 평생 가져가실 수 있을 뿐 아니라, 그 이유를 설명하실 필요도 없는 주권자이십니다. 하지만 하나님은 그렇게 고난받는 자를 또한 축복하고 회복하시기도 하는 은혜의 하나님이십니다. 하나님이 자기 백성에게 베푸시는 복은 이 세상의 좋은 것에만 국한되지 않습니다. 하나님은 욥처럼 하나님을 사랑하고 그 뜻대로 부르심을 받은 자들을 위해 하늘에 보화를 쌓아 두십니다. 그렇기에 욥은 회복을 목적으로 회개한 것이 아닙니다. 그런 주권과 은혜의 하나님을 만났기에 겸손하게 회개한 것입니다. 이것이 오늘날 성도들도 붙잡아야 할 소중한 메시지입니다.

마침내 욥은 자신을 지으신 창조주를 대면할 준비를 모두 마칩니다. 성경 이야기는 동화에서처럼 "주인공은 영원히 행복하게 살았습니다"로 끝나지 않습니다. 오히려 성경 이야기에서 예상할 수 있는 최고의 결말은 "그는 가족들에게 둘러싸여 하나님과 복된 교제를 나누며 생을 마감했습니다"입니다. 욥의 이야기가 바로 그렇게 끝납니다. 하지만 여기서 우리는 욥기 이야기로 끝나지 않고 더 나아가게 됩니다. 고난받은 종 욥이 온전히 회복되어 하나님의 얼굴 앞에서 높임을 받는 이미지를 통해서, 우리는 하나님의 더 크신 종 예수 그리스도를 바라보게 됩니다. 왜냐하면 그분은 자기 죄 때문에 고난을 당하며 십자가에 달리신 것이 아니라, 하나님께 온전히 복종하고 하나님을 순전하게 섬기기 위해 그리고 우리 죄를 용서하기 위해 십자가의 고통을 견디셨기 때문입니다. 욥기는 바로 이런 주님께로 우리를 인도합니다.

READING JESUS

욥기는 우리가 예수 그리스도를 발견하게 하며 또한 우리를 그분께로 인도합니다. 예수님도 욥처럼 고난을 받으셨고 고난 가운데서도 하나님을 부인하지 않으시며 끝까지 신실함을 잃지 않으셨습니다. 그런 의미에서 욥은 분명히 예수 그리스도를 예표합니다. 그러나 욥은 완전하지 않았으나 예수님은 완전하신 분입니다. 예수님은 욥보다 더 극심한 고난을 받으셨지만, 자기 죄 때문이 아니라 하나님의 뜻에 신실하게 따르셨기 때문입니다.

욥의 인생이 재 가운데 주저앉아 끝날 수 없었듯이, 예수 그리스도는 십자가에 매달려 영원히 고통을 당하는 결말로 끝나지 않으십니다. 이제 그 십자가는 비어 있고 그리스도는 죽은 자 가운데서 살아나셨습니다. 주님은 구속받은 자녀들이 동서남북 사방에서 끊임없이 하나님의 왕국으로 밀려오는 광경을 지극히 높은 곳에서 바라보시며 자신의 고통으로 성취한 사역을 기뻐하고 계십니다. 예수님은 단순히 잃었던 재물과 가족을 되찾는 정도가 아니라, 자신과 함께 영광을 받기 위해 고난도 함께 겪는 이들을 모두 얻으셨습니다. 약속대로 그리스도는 하나님의 참된 종으로 입증되셨고, 거짓 비방자 사탄은 무너졌습니다.

욥기는 욥의 경건함과 그의 풍성한 복을 소개한 후에 곧바로 천상의 장면
으로 무대를 옮기며 이야기를 시작합니다. 하나님이 욥의 경건함을 칭찬
하시자 사탄은 하나님이 그를 번영케 하셔서 그렇다고 비판합니다. 하나
님은 사탄의 거짓말을 아시면서도 욥의 모든 것을 빼앗아 보라고 시험을
허락하십니다. 그러자 사탄은 두 차례에 걸쳐 욥에게 엄청난 재앙을 내리
고, 욥은 두 번 모두 시험에 넘어지지 않고 오히려 하나님을 신뢰하며 찬
양합니다(욥기 1:20-22; 2:10).

욥의 소식을 듣고 세 친구 엘리바스, 빌닷, 소발이 욥을 위로하기 위해
찾아옵니다. 그들은 욥의 고난에 대해 변론하기 시작합니다. 3장부터 31
장까지 이어지는 긴 본문은 세 친구와 욥이 세 번 회전하며 주고받는 대화
형식으로 진행됩니다(욥기 4-14장; 15-21장; 22-31장). 하지만 친구들의 말은
욥의 고뇌에 답이 되지 못합니다. 욥을 위한 위로가 아니라, 오히려 상처
에 소금을 뿌리듯 욥의 아픔만 더합니다. 이들의 말 중에 일부는 진리이지
만 일부는 그릇되었습니다. 심지어 진리를 말할 때조차도 사랑이 빠져 버

린 냉혹한 지적을 할 뿐입니다. 욥과 친구들은 많은 변론과 논쟁을 벌이지만 시원한 답을 찾지 못합니다. 특히 이들은 누구도 천상에서 일어난 하나님과 사탄과의 싸움에 대해 알지 못합니다. 세 친구에 이어서 네 번째 사람 엘리후가 장황한 변론을 펼치지만, 그도 부분적 진리만 말할 뿐 온전한 답을 제시하지는 못합니다(욥기 32-37장).

결국 하나님이 등장하셔서 이 모든 일을 정리하시는 마지막 부분이 욥기의 절정이며 핵심입니다(욥기 38-42장). 하나님은 욥에게 질문하는 형식으로 두 번 말씀하시는데, 첫째는 하나님의 지혜에 대해(욥기 38:1-40:5), 둘째는 하나님의 능력에 대해(욥기 40:6-42:6) 말씀하십니다. 욥은 하나님의 두 차례 질문을 받으면서 두 번 모두 그 앞에 회개하며 복종합니다(욥기 40:3-5; 42:5-6). 욥은 자신이 왜 고난을 받아야 했는지를 여전히 이해할 수 없었지만, 그럼에도 하나님의 탁월한 지혜와 권능에 겸손히 복종합니다. 결과적으로 하나님은 욥이 잃었던 모든 것을 온전히 회복시키시고 새 출발을 하게 하십니다.

욥기는 경건한 하나님의 종이 어느 한순간 모든 것을 잃고 극심한 고난의 터널을 통과하며 겪는 신앙적 번민과 회의의 과정을 소개합니다. 흔히 욥기의 주제가 고난의 원인을 설명하는 것이라고 하는데, 정작 욥기는 선한 사람들이 고난을 겪는 이유에 대한 일반적인 설명을 제공하지 않습니다. 오히려 욥기는 사람들이 흔히 오해하는 경건과 번영, 또는 죄와 벌이라는 인과응보 개념에 의문을 제기하며, 특히 고통받는 이들에 관한 하나님의 중요한 진리를 깨닫게 합니다. 무엇보다도 욥기는 우리가 비록 고통의 이유를 모른다고 해도 하나님의 탁월한 지혜를 신뢰하며 그 앞에 무릎 꿇고 순종해야 한다는 사실을 보여 주며, 궁극적으로는 고통의 십자가에서 우리를 변호하며 축복하시는 그리스도를 바라보게 합니다.

❶ 욥기는 우리가 비록 ( )의 이유를 모른다고 해도 하나님의 탁월한 ( )를 신뢰하며 결국 그 앞에 무릎 꿇고 순종해야 한다는 사실을 보여 주며, 궁극적으로는 고통의 십자가에서 우리를 ( )하며 축복하시는 ( )를 바라볼 수 있게 합니다. 욥기 한눈에 보기

❷ 욥은 많은 고난을 견디어 냄으로써 하나님께 영광을 돌리고, 고난이라는 ( )를 통해서 하나님과 자신의 마음을 더 잘 이해하게 됩니다. 우리는 ( )을 통해서 우리의 ( )을 깨닫고 그 과정 가운데 오직 하나님만 ( )하고 그분께만 매달려야 한다는 교훈을 욥기에서 얻습니다. 성경수업 Lesson 1

❸ ( )당하는 이들을 대할 때 우리는 소발처럼 하나님 뜻을 다 알고 있는 듯 스스로 착각하며 더 ( )를 주지 않도록 신중해야 합니다. 오히려 우리 자신이나 타인이 고통을 당할 때, 그 고통이 아버지께 더 가까이 나아가 그분을 더 겸손히 ( )할 기회가 되어서 아버지께서 우리의 ( )을 헛되게 하지 않을 것이라고 서로 ( )해야 합니다. 성경수업 Lesson 2

❹ 엘리후는 욥을 가르칠 수 있지만, (   )은 우리를 (   )하실 수 있습니다. (   )은 우리와 같은 모양으로 오셔서 우리를 위해 (   )을 받으셨고, 욥과 같은 의인이라도 마땅히 받아야 할 극한 (   )에서 우리를 해방하셨습니다. 결국 (   )은 욥이 찾지 못했던 하나님과 사람 사이의 궁극적 (   )이십니다. (성경수업 Lesson 3)

❺ 욥과 친구들의 논쟁이 치열하게 이어진 끝에 하나님이 이 모든 논쟁을 정리하십니다.

"트집 잡는 자가 (   )와 다투겠느냐 하나님을 (   ) 자는 대답할지니라…네가 내 (   )를 (   )하려느냐 네 의를 세우려고 나를 악하다 하겠느냐"(욥기 40:2, 8)

"내가 주께 대하여 (   )로 듣기만 하였사오나 이제는 (   )으로 주를 뵈옵나이다 그러므로 내가 스스로 거두어들이고 티끌과 재 가운데에서 (   )하나이다"(욥기 42:5-6)

정답

1. 고통, 지혜, 변호, 그리스도 2. 섭리, 고난, 불신앙, 신뢰 3. 고난, 상처, 의지, 고통, 격려 4. 예수님, 속죄, 예수님, 고난, 고난, 예수님, 중보자 5. 전능자, 탓하는, 공의, 부인, 귀, 눈, 회개

❶ 고통스러운 일을 겪고 있는 지체에게 나는 주로 어떤 말들을 건네 왔나요? 욥기를 묵상한 후, 이제는 어떻게 그들을 위로하고 싶은가요?

❷ 어떠한 어려움 가운데서도 나는 하나님을 전능하신 나의 주님이라 고백할 수 있나요?

❸ 우리에게 '유일하고 확실한 위로'가 되시는 하나님의 위로를 누리며 삶의 어려움을 이겨 내는 한 주간이 되기 위해서 내가 실천할 수 있는 것들을 나누어 봅시다.

기도로 함께
소망하며

❶ 성경 말씀에 기초해, 찬양과 감사의 기도를 드립니다.

이르되 내가 모태에서 알몸으로 나왔사온즉 또한 알몸이 그리로 돌아가올지라

주신 이도 여호와시요 거두신 이도 여호와시오니

여호와의 이름이 찬송을 받으실지니이다 하고

욥기 1:21

❷ 일상의 변화를 소망하며, 회개와 결단의 기도를 드립니다.

❸ 서로를 위해, 또 교회를 위해 기도합니다.

시편 43편 1-5절

하나님이여 나를 판단하시되

경건하지 아니한 나라에 대하여 내 송사를 변호하시며

간사하고 불의한 자에게서 나를 건지소서

주는 나의 힘이 되신 하나님이시거늘 어찌하여 나를 버리셨나이까

내가 어찌하여 원수의 억압으로 말미암아 슬프게 다니나이까

주의 빛과 주의 진리를 보내시어 나를 인도하시고

주의 거룩한 산과 주께서 계시는 곳에 이르게 하소서

그런즉 내가 하나님의 제단에 나아가

나의 큰 기쁨의 하나님께 이르리이다

하나님이여 나의 하나님이여

내가 수금으로 주를 찬양하리이다

내 영혼아 네가 어찌하여 낙심하며

어찌하여 내 속에서 불안해 하는가

너는 하나님께 소망을 두라

그가 나타나 도우심으로 말미암아

내 하나님을 여전히 찬송하리로다

2

시편 1

성경읽기 시편 1-36편
성경수업 시편을 시로 읽는 법
성경나눔

Lesson 1   사랑의 편지를 읽듯이
Lesson 2   히브리 시의 기본 요소
Lesson 3   히브리 시의 특징 1
Lesson 4   히브리 시의 특징 2
Lesson 5   탄식을 넘어 찬양으로

사람들은 대체로 구약성경이 이해하기 힘들다고 생각합니다. 하지만 시편 만큼은 대다수 그리스도인들이 좋아하며 즐겨 읽고, 음조를 넣어 노래로 부릅니다. 그리고 시편 한 두절 쯤은 암송하기도 합니다. 시편에는 우리 삶의 모든 상황을 반영하면서도 여러 감정을 솔직하게 나타내는 내용이 담겨 있어 공감을 자아내기 때문이죠. 하지만 시편은 읽기 쉬운 산문과 달리 시로 쓰여졌기 때문에 그 뜻과 메시지를 해석하기가 그리 쉽지는 않습니다. 따라서 시편을 바르게 읽고 해석하기 위해서는 시문학에 대한 전반적인 이해가 있어야 합니다.

이번 주에는 시편 1편에서 36편까지를 통독하면서, 성경수업을 통해 시편 시의 특징과 본질에 대해서 살펴볼 것입니다. 그리고 그것이 오늘날을 살아가는 그리스도인에게 어떤 의미인지 살펴보겠습니다.

리딩지저스 3권 2강: 시편 1

QR코드를 찍으면 '시편 1' 리딩지저스 영상으로 바로 연결됩니다. 또는 유튜브에서 '리딩지저스 시편 1'을 검색하여 시청할 수 있습니다. '성경읽기'와 '성경공부'를 시작하기 전에 리딩지저스 영상을 시청하면 도움이 됩니다.

📲 QR코드를 찍으면 **리딩지저스 오디오 바이블**로 연결됩니다. 45주 성경통독 일정에 맞추어 제작된 **오디오 바이블**을 통해 매일의 성경통독 분량을 부담 없이 완독할 수 있습니다. 그리스도 중심 성경읽기 《리딩지저스》와 함께하는 성경통독을 통해 하나님과 동행하는 하루하루가 되기를 소망합니다.

📖 **이번 주 성경읽기 스케줄**

주일	리딩지저스 영상 시청, 성경수업 읽기			
	기본 읽기		핵심 읽기	
월	시 1-6편	완독	시 1편	
화	시 7-12편		시 8편	
수	시 13-18편		시 16편	
목	시 19-24편		시 23편	
금	시 25-30편		시 27편	
토	시 31-36편		시 34편	

1일차 성도의 삶에서 역사하시는 하나님을 노래하라

기본 읽기 시편 1-6편
핵심 읽기 시편 1편

이제 우리는 4주에 걸쳐 시편을 묵상합니다. 시편은 많은 시를 남긴 다윗은 물론이고, 솔로몬, 아삽, 모세를 비롯해 이름이 밝혀지지 않은 많은 시인이 자신에게 역사하신 하나님을 노래한 아름다운 시입니다. 또한 종교개혁자 칼뱅이 시편에 간단한 음률을 붙인 찬양만을 하나님께 올리자고 했을 정도로 시편은 최고의 찬양입니다. 하지만 시편의 시들에 하나님을 찬양하는 내용만 있는 것은 아닙니다. 하나님을 향한 한탄과 깊은 간구, 하나님의 대적을 향한 비난 등 성도가 살면서 느끼는 다양한 감정을 저마다의 방법으로 노래합니다. 시편 묵상은 우리 삶을 더욱 아름답게 할 것입니다. 이제 유명한 시편 1편을 펴서 어떻게 하면 복 있는 사람으로 살 수 있는지를 묵상하며 시편의 바다로 항해를 떠나 보겠습니다.

2일차 성도의 기도를 들으시는 하나님

기본 읽기 시편 7-12편
핵심 읽기 시편 8편

성도의 삶이라고 항상 평탄하지는 않습니다. 성경은 하나님 백성 역시 세상에서 고난당할 수 있다고 말합니다. 또한 하나님은 의로우시므로 성도의 괴로움을 가만히 두고 보지 않으시며, 악인을 반드시 심판하신다고 이야기합니다. 그러나 하나님의 뜻이 언제 어떻게 일어날지 알 수 없기에 우리는 하나님의 의로우심을 의지하여 그분께 부르짖습니다. 이렇게 하나님께 부르짖는 시를 '탄원시'라고 합니다. 시편 7편부터 12편까지는 하나님을 향한 탄원과 하나님을 찬양하는 목소리에 이르기까지 다양한 어조의 찬양과 기도가 담겨 있습니다. 우리는 하나님께 어떤 기도를 드리기 원하나요? 확실한 것은, 우리가 드리는 찬양이나 탄원을 하나님이 반드시 받으시고 기뻐하신다는 것입니다.

3일차 다윗이 노래하는 하나님의 역사

기본 읽기 시편 13-18편
핵심 읽기 시편 16편

시편에 가장 자주 등장하는 시인은 다윗입니다. 다윗은 뛰어난 전사이자 훌륭한 통치자였을 뿐아니라 탁월한 시인이기도 했습니다. 시편 13편부터 18편까지 여섯 편의 시편은 전부 다윗이 지은 시입니다. 그중에는 하나님을 향한 탄원도 있고, 하나님의 공의와 인자를 노래하는 시도 있습니다. 다윗은 하나님께 자신의 어려움을 부르짖거나, 세상의 악인을 향해 한탄하는 등 성도가 겪음 직한 삶의 다양한 모습을 노래합니다. 기쁠 때는 하나님을 찬양하고, 어려울 때는 하나님께 눈물로 부르짖는 우리의 모습과 크게 다르지 않습니다. 다윗이 다양한 모습으로 하나님의 역사를 노래하듯, 우리도 하나님의 역사를 보며 감사와 찬양으로 나아가면 어떨까요?

4일차 영광의 왕이요 목자 되시는 하나님

기본 읽기 시편 19-24편
핵심 읽기 시편 23편

이제 우리는 시편에서 가장 유명하며, 하나님의 깊은 사랑을 노래하는 23편을 읽을 것입니다. 19편부터 24편까지가 전부 하나님의 위엄과 은혜를 저마다의 운율로 노래합니다. 하나님의 율법이 얼마나 아름다운지를 노래하는 19편, 성도를 향한 축복을 기원하는 20편, 하나님이 왕을 지키시기를 기원하는 21편, 십자가에서 예수님이 인용하신 간구와 탄원의 시인 22편, 온 세상 왕이 되시는 하나님의 영광을 노래하는 24편까지 모든 시가 하나님을 아름답게 노래하며 찬양합니다. 시편의 노래들을 통해 하나님이 나에게 어떤 하나님이신지, 어떻게 역사하시는지를 묵상하면 좋습니다. 또 우리 삶을 통해 하나님을 이처럼 기쁘게 노래합시다.

5일차 우러러볼 때 응답하시는 하나님

기본 읽기 시편 25-30편
핵심 읽기 시편 27편

시편의 고백은 그 자체가 하나님 말씀이며 또한 함축적이고 운율이 있는 아름다운 시이기도 합니다. 그래서 교회 역사에서는 수많은 사람이 시편에 곡조를 붙여서 노래를 만들고 하나님을 찬양해 왔습니다. 시편 25편부터 30편까지는 우리가 예배와 각종 모임에서 부르는 많은 노래의 가사가 되는 구절들을 발견하게 됩니다. 왜 이렇게 많은 사람이 시편에 곡조를 붙여서 노래를 만들었을까요? 그것은 시편이 크고 위대하신 하나님의 영광을 우리가 생각해 낼 수 있는 그 어떤 표현보다도 아름답게 표현하고 있어서가 아닐까요? 특히 25편부터 30편까지는 탄원시보다는 감사시와 찬양시가 조금 더 많습니다. 우리의 삶은 험난하고 쉽지 않지만, 하나님이 우리를 세밀하게 인도하며 지키시기 때문에 우리는 어려움 속에서도 하나님을 힘있게 찬양할 수 있습니다.

6일차 주님께 피하라

기본 읽기 시편 31-36편
핵심 읽기 시편 34편

시편은 크게 다섯 권으로 분류됩니다. 그중 1권(1-41편)은 의인과 악인의 갈등에 대한 이야기가 많습니다. 특히 다윗의 시에서 그런 모습을 많이 발견할 수 있습니다. 다윗은 왕이 되기까지 긴 시간 동안 사울과 대적들을 피해 다니며 숱한 고난을 겪습니다. 그래서 절박한 마음으로 하나님의 도우심을 구할 때가 많았고, 악인의 형통함을 보며 분노할 때가 있었습니다. 그럼에도 그의 시가 순수한 분노나 억울함을 토로하는 데서 끝나지 않고 항상 하나님을 향한 간구와 감사로 끝나는 것은, 하나님이 끝내 자기 백성에게 자비를 베푸신다는 사실을 다윗이 알았기 때문입니다. 오늘도 하나님은 그때와 동일한 분이요, 그때와 동일하게 역사하십니다. 시편을 묵상하며 하나님의 공의가 이 땅에 펼쳐지고, 하나님의 백성을 향한 은혜와 긍휼이 계속 선포되도록 기도합시다.

시편을
시로 읽는 법

복 있는 사람은
악인들의 꾀를 따르지 아니하며
죄인들의 길에 서지 아니하며
오만한 자들의 자리에 앉지 아니하고
오직 여호와의 율법을 즐거워하여
그의 율법을 주야로 묵상하는도다

시편 1편 1-2절

Lesson 1   ## 사랑의 편지를 읽듯이

**성경에 시가
많은 이유**

하나님은 우리에게 성경을 조직신학이나 요리문답 형식으로 주시지 않았습니다. 대신 이야기와 노래, 편지와 예언, 묵시 등 다양한 형식으로 주셨습니다. 그런데 교회사를 살펴보면 교회는 종종 이러한 다양한 형식을 무시해 온 듯합니다. 시편도 '시'라는 문학 장르와는 상관없이, 신학 명제를 증명하는 데 자주 사용되었습니다. 가령, "어리석은 자는 그의 마음에 이르기를 하나님이 없다 하는도다 그들은 부패하고 그 행실이 가증하니 선을 행하는 자가 없도다"라는 시편 14편 1절은 본문의 문맥과는 상관없이 '전적 타락'의 교리를 증명하는 성구 정도로 사용되었습니다.

구약성경의 모든 시를 합치면 신약성경 전체보다 분량이 더 많습니다. 이렇듯 성경의 그렇게 많은 분량을 시 형태로 남기신 데는 하나님의 목적이 있을 것입니다. 하나님은 우리가 성경을 통해 단순히 신학적 정보만 얻는 것이 아니라, 하나님을 개인적으로 알아 가기를 바라십니다. 그리고 시는 그 목적에 가장 잘 맞는 도구입니다. 산문과 달리 시로만 전달할 수 있는 독특한 능력이 시에는 있습니다. 하나님은 시라는 장르를 활용해 인간과 대화하십니다. 따라서 우리는 시편을 읽을 때 장보기 목록을 읽듯 읽는

우리는 시편을 읽을 때 장보기 목록을 읽듯 읽는 것이 아니라, 마치 **사랑의 편지를 읽듯이 읽어야 합니다.** 그렇게 할 때 시를 읽는 우리 마음이 창공을 향해 높이 솟구쳐 오르게 됩니다.

것이 아니라, 마치 사랑의 편지를 읽듯이 읽어야 합니다. 그렇게 할 때 시를 읽는 우리 마음이 창공을 향해 높이 솟구쳐 오르게 됩니다.

우리가 하나님을 찬양할 때 일련의 명제적 문구로 노래하지 않고 '찬송'과 '시'로 노래하는 이유가 바로 이 때문입니다. 우리가 하나님을 예배할 때는 견고한 신학을 바탕으로 해야 하지만, 다른 한편으로는 견고한 신학 그 이상이 되어야 하는데, 바로 그것이 시가 하는 일입니다. 시는 우리 감

정을 돋우며, 우리 의지에 호소하고 우리 상상을 촉진합니다. 시는 우리의
지성을 넘어서 전 인격에 호소하기 때문입니다.

Lesson 2	**히브리 시의 기본 요소**

콜론, 행,

절, 연

히브리 시를 이해하려면 먼저 시를 구성하는 문학적 단위를 이해해야 합니다. 히브리 시를 구성하는 네 가지 기본 단위는, 콜론(colon), 행(line), 절(strophe), 연(stanza)입니다.

가장 기본적인 요소는 콜론이라고 불리는 단일 구절(single phrase)인데, 두세 개 콜론이 모여 한 행을 이룹니다. 예를 들면, 시편 111편 3절은 "그의 행하시는 일이 존귀하고 엄위하며"라는 콜론과 "그의 의가 영원히 서 있도다"라는 또 다른 콜론으로 구성된 행입니다. 히브리 시는 평행법(Lesson 3 참조) 때문에 대부분 두 콜론이 한 행을 이루지만, 시편 111편 9절이나 10절처럼 세 콜론이 한 행을 이루기도 합니다.

● **두 콜론으로 이루어진 행: 시편 111편 3절**

(콜론 1) 그의 행하시는 일이 존귀하고 엄위하며   (콜론 2) 그의 의가 영원히 서 있도다

● 세 콜론으로 이루어진 행: 시편 111편 9절

(콜론 1) 여호와께서 그의 백성을 속량하시며 (콜론 2) 그의 언약을 영원히 세우셨으니 (콜론 3) 그의 이름이 거룩하고 지존하시도다

그다음으로 여러 행이 연속되어 '절'을 이루고, 여러 절이 모여 '연'을 이룹니다. 예를 들어, 시편 148편은 "할렐루야"(Praise the LORD)라는 단일 콜론으로 시작하고 끝을 맺고, 그 사이에 두 연이 들어가는 시입니다. 즉 1절 하반절부터 6절까지가 첫째 연이고, 7절부터 14절까지가 둘째 연인데, 첫째 연은 하늘과 높은 곳에서 시작하고 둘째 연은 땅과 깊은 곳을 다루면서, 각각 두 영역에 거주하는 것 모두에게 다 여호와를 찬양하라고 북돋웁니다. 즉 시편 148편은 두 콜론으로 서론과 결론을 구성하고 두 연으로 본론을 구성한 한 편의 시입니다.

● 시편 148편의 구조

1 할렐루야

1연: 하늘과 높은 곳에서 여호와를 찬양

1절

  하늘에서 여호와를 찬양하며
  높은 데서 그를 찬양할지어다
2 그의 모든 천사여 찬양하며
  모든 군대여 그를 찬양할지어다
3 해와 달아 그를 찬양하며
  밝은 별들아 다 그를 찬양할지어다
4 하늘의 하늘도 그를 찬양하며
  하늘 위에 있는 물들도 그를 찬양할지어다

2절

5 그것들이 여호와의 이름을 찬양함은
  그가 명령하시므로 지음을 받았음이로다
6 그가 또 그것들을 영원히 세우시고
  폐하지 못할 명령을 정하셨도다

1절

7 너희 용들과 바다여
    땅에서 여호와를 찬양하라
8 불과 우박과 눈과 안개와
    그의 말씀을 따르는 광풍이며
9 산들과 모든 작은 산과
    과수와 모든 백향목이며
10 짐승과 모든 가축과
    기는 것과 나는 새며
11 세상의 왕들과 모든 백성들과
    고관들과 땅의 모든 재판관들이며
12 총각과 처녀와
    노인과 아이들아

2절

13 여호와의 이름을 찬양할지어다
    그의 이름이 홀로 높으시며
    그의 영광이 땅과 하늘 위에 뛰어나심이로다
14 그가 그의 백성의 뿔을 높이셨으니
    그는 모든 성도 곧 그를 가까이하는 백성
    이스라엘 자손의 찬양 받을 이시로다

할렐루야

이런 구획은 과학적 구획이라기보다 문학적 구획으로서, 시를 명확하고 풍성하게 이해하기 위한 문학적 작업입니다. 히브리 시는 다른 언어의 시들과 마찬가지로 나름의 운율이 있지만, 운율이 그다지 강하지는 않습니다. 그 대신 히브리 시는 하나님의 섭리에 힘입어 다양한 언어나 다양한 문화적 문맥으로 번역되기에 아주 적합한 형태의 시로 발전했습니다.

Lesson 3   히브리 시의 특징 1

평행법
___

히브리 시의 주목할 만한 특징은 평행법(parallelism)입니다. 평행법은 운율과 관련 있는데, 히브리 시는 소리의 운율이 아니라 개념의 운율이 특징입니다. 사무엘상 2장 3절을 예로 살펴봅시다.

● **히브리 시 평행법의 예: 사무엘상 2장 3절**

ⓐ 심히 교만한 말을 다시 하지 말 것이며

ⓑ 오만한 말을 너희의 입에서 내지 말지어다;

ⓒ 여호와는 지식의 하나님이시라

ⓓ 행동을 달아 보시느니라

    첫 행의 첫 구절(a) "심히 교만한 말을 다시 하지 말 것이며"는 둘째 구절(b) "오만한 말을 너희의 입에서 내지 말지어다"와 동일한 개념을 나타냅니다. 그리고 다음 행의 첫 구절(c) "여호와는 지식의 하나님이시라"도 둘째 구절(d) "행동을 달아 보시느니라"와 함의가 같습니다. 다시 말해서 첫째 콜론(a, c)의 개념이 둘째 콜론(b, d)과 일치합니다.

이러한 평행법의 핵심은 단순히 첫 구절을 반복하는 것이 아니라, 첫 구절이 표현한 개념을 둘째 구절이 더 발전시킨다는 데 있습니다. 즉 첫 구절의 개념을 강조하고 예리하게 만들어 구체화하는 것입니다. 이를 염두에 두고 시편을 읽으면 평행하는 두 구절이 어떠한 느낌으로 연결되는지를 찾을 수 있습니다.

● **히브리 시 평행법의 종류**

동의적 평행법	첫째 구절이 둘째 구절을 다시 설명하는 경우
	예레미야애가 2:17 "여호와께서 이미 정하신 일을 행하시고 옛날에 명령하신 말씀을 다 이루셨음이여"
통합적 평행법	첫째 구절에서 시작된 개념을 둘째 구절에서 이어받아 발전시키는 경우
	시편 95:3 "여호와는 크신 하나님이시요 모든 신들보다 크신 왕이시기 때문이로다"
상징적 평행법	한 구절은 중심 주제를 전달하고 다른 구절은 그 주제를 이미지로 조명하는 경우
	시편 42:1 "하나님이여 사슴이 시냇물을 찾기에 갈급함 같이 내 영혼이 주를 찾기에 갈급하니이다"
반의적 평행법	첫째 구절과 둘째 구절이 대조를 이루는 경우
	시편 1:6 "무릇 의인들의 길은 여호와께서 인정하시나 악인들의 길은 망하리로다"
계단적 평행법	둘째 구절이 첫째 구절을 반복하면서 점진적 효과를 일으키는 경우
	시편 29:1-2 "너희 권능 있는 자들아 영광과 능력을 여호와께 돌리고 돌릴지어다 여호와께 그의 이름에 합당한 영광을 돌리며 거룩한 옷을 입고 여호와께 예배할지어다"

이처럼 시마다 시인이 사용하는 다양한 평행법이 등장합니다. 핵심은 이러한 평행법이 같은 의미를 다른 표현으로 단순히 반복하는 것이 아니라, 이미 표현된 개념을 다음 구절이 여러 방법으로 발전시킴으로서 그 의미를 시적으로 더 풍요롭게 만들어 준다는 데 있습니다.

히브리 시의 특징 2

이미지

활용

시편의 언어는 대단히 시각적이면서 감각적입니다. 꿀과 천둥, 부러진 팔과 부서진 이, 칼날, 눈, 개, 말, 초원, 버터, 아론의 머리에 부은 기름이 그의 수염을 타고 내려와 옷으로 흘러내리는 모습 등 시인은 강렬한 시각적 언어를 빈번하게 사용합니다. 산문도 평행법을 사용할 수 있고 이미지로 표현할 수 있지만, 시의 특징은 이 같은 장치를 지속적으로 그리고 아주 빈번하게 사용한다는 점입니다.

또한 시편은 일상 속 익숙한 요소를 이미지로 표현해 비교적 추상적인 개념을 예증하기도 합니다. 예를 들어, "여호와는 나의 목자시니"(시편 23:1)라는 구절은 '하나님은 나를 사랑하시며 나를 돌보신다'라는 추상적 개념을 '선한 목자의 자상한 보살핌'이라는 이미지로 표현합니다. 또한 이미지 표현은 경험을 일반화하는 데도 일조합니다. 예를 들어, "나를 기가 막힐 웅덩이와 수렁에서 끌어올리시고 내 발을 반석 위에 두사 내 걸음을 견고하게 하셨도다"(시편 40:2)라고 했을 때, 시인은 문자 그대로 웅덩이와 수렁에서 끌어내겼다고 말하는 것이 아닙니다. 그는 병에 걸려 아팠을 수도 있고, 압박이나 부당한 비난을 받았거나 다른 여러 곤경 중 하나에 깊이 빠

졌을 수 있습니다. 다만 그런 구체적 곤경을 사실적 언어로 묘사하지 않고 비유적으로 묘사함으로써, 자신의 경험을 일반화하는 도구를 만들어 낸 것입니다. 그렇게 함으로써 독자는 자신의 경험이 시인의 경험과 다를지라도 시인이 사용한 말을 붙잡고 그 내용을 독자 자신의 것으로 만들 수 있습니다.

이와 비슷하게, 시편의 시인들이 자신의 "대적"이라고 묘사하는 집단이 정기적으로 등장하는데, 이 대적이 누구인지에 대해서는 다양한 시각이 존재합니다. 학자에 따라 '전쟁 때 국가의 적', '시편의 시인들을 고소한 사람들', 심지어 '마술적 방법으로 시편의 시인들을 해치려는 무당들'이라는 주장까지 분분합니다. 시편의 시인이 자신의 대적에 대해 이렇게 모호하게 묘사한 데는 분명한 의도가 있습니다. 그렇게 함으로써 시편을 모든 종류의 역경과 곤란에 적용할 수 있기 때문입니다. 이런 포괄적인 표현 덕분에 우리가 어떠한 곤란을 겪고 있든지, 시인들이 마치 우리 자신에게 말하는 것처럼 느낄 수 있습니다.

Lesson 5 탄식을 넘어 찬양으로

시편이 결국
우리를 이끄는 곳

시편의 표제로 가장 자주 쓰인 용어는 '미즈모르'(*mizmor*)인데, 히브리어로 '현악기 연주에 맞추어 부르는 노래'라는 뜻입니다. 이 용어의 헬라어 번역은 '프살모스'(*psalmos*)로 칠십인역과 영어 성경, 한글 성경의 '시편'이라는 이름은 여기에서 왔습니다. 하지만 흥미롭게도 유대 랍비들은 시편에 '테힐림'(*tehillim*), '찬송시'라는 이름을 붙였습니다. 그 이유는 각각의 시편은 물론 시편 전체의 진행이 언제나 찬양이라는 방향을 향하고 있기 때문입니다. 시인이 절박한 상황에서 부르짖는 탄식시조차도 그 탄식을 넘어서는 총체적 찬양의 어조를 담고 있으며 나아가 언젠가 미래에 찬양하게 되리라고 기대하기 때문입니다. 시인들은 자신의 순간적 느낌에 따라 탄식과 찬양 사이를 오르락내리락하는 것이 아니라, 탄식의 상황 한가운데에서 항상 찬양으로 나아갑니다.

　이처럼 '탄식에서 찬양으로' 진행되는 총체적 발전은 150편의 시편 전체에 나타나는데, 시편의 다섯 권 모두가 찬가(doxology)와 찬양(praise)으로 마무리됩니다(4장 lesson 1 참조). 또한 시편의 첫 세 권에는 탄식시가 많이 몰려 있지만, 마지막 부분인 145편부터 150편에서는 대찬양의 축제로 끝을 맺습니다. 여기서 시인은 "할렐루야!"와 "주를 찬양하라"를 반복해서 힘차게 외칩니다.

　탄식에서 찬양으로 전개되는 이러한 시편의 움직임은 우연히 일어난 것이 아닙니다. 신자들의 일반적 삶의 모습이 그렇기 때문입니다. 이 세상은 깊은 어둠 속에서 하나님께 부르짖는 고통과 탄식과 죽음의 장소이지만, 그리스도인에게는 그런 세상이 전부가 아닙니다. 우리 인생의 주된 목적은 이 땅의 삶을 어떻게 해서라도 행복하게 바꿔 보려 애쓰다가 결국 죽어서 썩는 것이 아니라, 하나님을 영화롭게 하고 오직 그분을 영원토록 즐거워하며 찬양하는 것입니다. 바로 이것이 모든 시편이 고통받는 자들에게 의미 있게 불릴 수 있는 확실한 이유입니다.

　만사가 순탄하게 진행될 때는 하나님을 찬양하기 어렵지 않지만, 모든 것이 무너져 내릴 때 우리의 시선은 어디로 향해야 할까요? 삶의 바퀴가 순탄하게 굴러가지 않고 바닥에 질질 끌리면서 시커먼 자국을 뒤에 남길 때 우리의 마음은 어디를 향

시인들은 자신의 순간적 느낌에 따라 탄식과 찬양 사이를 오르락내리락하는 것이 아니라, **탄식의 상황 한가운데에서 항상 찬양으로** 나아갑니다.

해야 할까요? 그때 우리는 시편으로 눈을 돌려서 그 속의 깊은 메시지를 되새길 수 있습니다. 내면의 가장 깊은 감정을 솔직하게 표현해 주는 시편 가운데서 소망과 기쁨의 실마리를 찾을 수 있기 때문입니다.

READING JESUS

리딩지저스
: 그리스도 중심으로 읽는 시편 1

시편이 고난받는 이들에게 의미 있게 불릴 수 있는 이유는 무엇일까요? 모든 성도가 공통으로 겪게 마련인 고난에 예수 그리스도의 고난이 반영되어 있기 때문입니다. 주님은 이 땅에 계실 때 우리보다 더 큰 고난을 겪으셨습니다. 하나님과 사람들에게서 뼛속까지 스며드는 단절과 멸시를 당하셨습니다. 십자가 위에서는 어떤 고통과도 비교할 수 없는 가장 큰 고통을 겪으셨습니다. 주님이 십자가에서 고통스럽게 외치셨던 "나의 하나님, 나의 하나님, 어찌하여 나를 버리셨나이까?"(시편 22:1; 마태복음 27:46)라는 탄식이 시편에 등장하는 표현이라는 사실은 결코 우연이 아닙니다. 주님은 타락한 세상에서, 그리고 십자가 위에서 마주하는 삶의 고통이 무엇인지 아십니다. 시편은 이러한 주님의 고난을 강렬하게 우리에게 보여 줍니다.

하나님은 성경을 통해 우리에게 말씀을 주실 때, 조직신학이나 요리문답, 신앙고백서 형식으로 주시지 않았습니다. 대신 이야기와 노래, 복음서와 서신서, 예언적 신탁과 묵시적 글 같은 다양한 형식으로 주셨습니다. 구약성경의 모든 시를 합치면 신약성경 전체보다 분량이 더 많은데, 성경의 그렇게 많은 분량을 시 형태로 남기신 하나님의 목적은 무엇일까요? 하나님은 우리에게 단순히 신학적 정보를 전달하는 것 이상을 원하셨습니다. 하나님은 우리가 그분을 개인적으로 알고 영원토록 사랑하고 영화롭게 하기를 바라셨기 때문입니다. 따라서 시는 장보기 목록을 읽듯이 읽지 말고 사랑의 편지로 읽어야 합니다. 그리고 그렇게 할 때 시를 읽는 우리 마음은 창공을 향해 높이 솟구쳐 오르게 됩니다. 그것이 바로 우리가 하나님을 찬양할 때 일련의 명제적 문구들로 노래하지 않고 찬송과 시로 노래하는 이유입니다. 우리의 예배는 절대 견고한 신학 이하로 떨어져서는 안 되지만, 다른 한편으로는 또한 견고한 신학 그 이상이어야 합니다. 시는 우리 감정을 돋우며, 우리 의지에 호소하고 우리 상상을 촉진합니다. 시는 우리 지성만이 아니라 전 인격에 호소합니다.

히브리 시의 주목할 만한 특징은 평행법입니다. 평행법의 핵심은 단순히 첫 구절을 반복하는 것이 아니라, 첫 구절이 표현한 개념을 둘째 구절이 더 발전시키는 것입니다. 히브리 시의 또 다른 특징은 이미지의 빈번한 사용입니다. 예를 들어 "여호와는 나의 목자시니"(시편 23:1)라는 구절은 '하나님은 나를 사랑하시며 나를 돌보신다'라는 추상적 개념을 선한 목자의 자상한 보살핌이라는 이미지로 표현합니다.

그렇다면 시편은 어떤 성경일까요? 우리는 시편의 본질적 특성을 유대랍비들이 시편의 표제로 사용한 '테힐림'이라는 용어를 통해 간단히 정리할 수 있습니다. 그 뜻은 '찬송책'입니다. 시편에는 찬양시보다 탄식시가 훨씬 더 많은데도 시편을 찬양의 책이라고 한 것은 모든 시편에 찬양의 어조가 있기 때문입니다. 각각의 시편은 물론 시편 전체의 진행이 찬양이라는 방향을 향하고 있습니다. 심지어 시인이 절박한 상황 가운데 부르짖는 탄식시조차도 그 탄식을 넘어서는 찬양의 어조가 있고 미래의 찬양을 기대하고 있습니다.

이렇듯 '탄식에서 찬양으로' 전개되는 시편의 움직임은 우연이 아니며, 신자들의 일반적 삶의 모습이 그러하기 때문입니다. 이 세상은 깊은 어둠 속에서 하나님께 부르짖는 고통과 탄식과 죽음의 장소이지만, 그리스도인에게는 이런 세상이 전부가 아닙니다. 인생의 주된 목적은 이 땅에서의 삶을 어떻게 해서라도 행복하게 바꿔 보려 애쓰다가 결국 죽어서 썩는 것이 아니라, 하나님을 영화롭게 하고 오직 그분을 영원토록 즐거워하며 찬양하는 것입니다. 바로 이것이 모든 시편이 고통받는 자들에게 의미 있게 불릴 수 있는 확실한 이유입니다.

성경수업
돌아보기

❶ 하나님은 우리가 성경을 통해 단순히 신학적 정보만 얻는 것이 아니라, 하나님을 개인적으로 알아 가기를 바라십니다. (　　)는 그 목적에 가장 잘 맞는 도구입니다. 우리가 하나님을 예배할 때는 견고한 (　　)을 바탕으로 해야 하지만, 다른 한편으로는 견고한 (　　) 그 이상이 되어야 하는데, 바로 그것이 (　　)가 하는 일입니다. (성경수업 Lesson 1)

❷ 히브리 시를 구성하는 네 가지 기본 단위와 설명을 연결해 봅시다.
(성경수업 Lesson 2)

절 •   • a. 두세 개 단일 구절이 모여서 이루어짐

콜론 •   • b. 여러 행이 연속됨

행 •   • c. 여러 절이 모여 이루어짐

연 •   • d. 단일 구절

❸ 히브리 시의 주목할 만한 특징인 평행법의 핵심은 (　　　) 의미를 (　　) 표현으로 단순히 (　　)하는 것이 아니라, 이미 표현된 개념을 다음 구절이 여러 방법으로 발전시킴으로서 그 의미를 시적으로 더 (　　　　　) 만들어 준다는 데 있습니다. (성경수업 Lesson 3)

❹ 시편의 언어는 대단히 (   )이면서 (   )입니다. 시편은 일
상 속 익숙한 요소를 이미지로 표현해 비교적 추상적인 개념을 (   )하
기도 합니다. (성경수업 Lesson 4)

❺ 시편 전체의 진행은 언제나 (   )이라는 방향을 향합니다. 탄식에서
(   )으로 전개되는 이러한 시편의 움직임은 우연히 일어난 것이 아닙
니다. 신자들의 일반적 삶의 모습이 그렇기 때문입니다. (성경수업 Lesson 5)

❻ "그는 시냇가에 심은 나무가 철을 따라 열매를 맺으며 그 잎사귀가 마르지
아니함 같으니 그가 하는 모든 일이 다 (   )하리로다…무릇 (   )들
의 길은 여호와께서 인정하시나 (   )들의 길은 망하리로다"(시편 1:3, 6)

정답

1. 시, 신학, 신학, 시 2. 절→b, 콜론→d, 행 →a, 연→c 3. 같은, 다른, 반복, 풍요롭게 4. 시각
적, 감각적, 예증 5. 찬양, 찬양 6. 형통, 의인, 악인

❶ 최근 나에게 가장 기뻤던 일과 가장 힘들었던 일은 무엇이었나요? 그때 나는 하나님께 어떤 노래를 불렀나요?

❷ 시편의 시인들은 어떤 상황에서도 하나님을 향한 찬양을 멈추지 않습니다. 이런 모습은 나에게 어떤 도전을 주나요?

❸ 오직 왕 되신 그리스도만을 노래하는 한 주간이 되기 위해서 내가 실천할
수 있는 것들을 나누어 봅시다.

기도로 함께

소망하며

❶ 성경 말씀에 기초해, 찬양과 감사의 기도를 드립니다.

> 주께서 내 마음에 두신 기쁨은
>
> 그들의 곡식과 새 포도주가 풍성할 때보다 더하나이다
>
> 내가 평안히 눕고 자기도 하리니
>
> 나를 안전히 살게 하시는 이는
>
> 오직 여호와이시니이다
>
> 시편 4:7-8

❷ 일상의 변화를 소망하며, 회개와 결단의 기도를 드립니다.

❸ 서로를 위해, 또 교회를 위해 기도합니다.

시편 5편 1-7절

여호와여 나의 말에 귀를 기울이사

나의 심정을 헤아려 주소서

나의 왕, 나의 하나님이여

내가 부르짖는 소리를 들으소서

내가 주께 기도하나이다

여호와여 아침에 주께서 나의 소리를 들으시리니

아침에 내가 주께 기도하고 바라리이다

주는 죄악을 기뻐하는 신이 아니시니

악이 주와 함께 머물지 못하며

오만한 자들이 주의 목전에 서지 못하리이다

주는 모든 행악자를 미워하시며

거짓말하는 자들을 멸망시키시리이다

여호와께서는 피 흘리기를 즐기는 자와 속이는 자를 싫어하시나이다

오직 나는 주의 풍성한 사랑을 힘입어 주의 집에 들어가

주를 경외함으로 성전을 향하여 예배하리이다

3

시편 2

성경읽기 시편 37-72편
성경수업 시편의 여러 가지 얼굴
성경나눔

Lesson 1 시편에서 제일 많이 만나는 시
Lesson 2 인생이 늘 괜찮지는 않지요
Lesson 3 끝없이 알아 가는 하나님이라는 세계
Lesson 4 감출 수 없이 터져 나오는 희열
Lesson 5 정상과 비정상, 그 사이의 방향 전환

시편 2에
들어가며

시편은 전체가 시문학이라는 독특한 장르에 속하면서도 각각의 시편이 또한 독특한 특징을 지니고 있습니다. 이러한 의미에서 내용이나 분위기, 구조나 특징적 표현이 비슷한 시편들끼리 서로 묶어서 그 장르를 구분할 수 있습니다. 다른 모든 성경과 마찬가지로 시편의 메시지를 깊이 이해하기 위해서는 각각의 시편들이 속한 장르의 특징을 고려해야 합니다. 시편의 시에는 어떤 장르들이 있으며 각각 어떤 특징이 있을까요?

이번 주에는 시편 37편에서 72편까지를 통독하면서, 성경수업을 통해 시편의 많은 장르 중에서도 대표적으로 꼽히는 탄식시, 인정시, 묘사적 찬양시의 특징을 살펴보고, 이 세 장르의 시가 하나님 앞에서 우리의 관계와 상태를 어떻게 반영하는지 살펴보겠습니다.

리딩지저스 영상
안내

리딩지저스 3권 3강: 시편 2

QR코드를 찍으면 '시편 2' 리딩지저스 영상으로 바로 연결됩니다. 또는 유튜브에서 '리딩지저스 시편 2'를 검색하여 시청할 수 있습니다. '성경읽기'와 '성경공부'를 시작하기 전에 리딩지저스 영상을 시청하면 도움이 됩니다.

📖 QR코드를 찍으면 **리딩지저스 오디오 바이블**로 연결됩니다. 45주 성경통독 일정에 맞추어 제작된 **오디오 바이블**을 통해 매일의 성경통독 분량을 부담 없이 완독할 수 있습니다. 그리스도 중심 성경읽기 《리딩지저스》와 함께하는 성경통독을 통해 하나님과 동행하는 하루하루가 되기를 소망합니다.

📖 **이번 주 성경읽기 스케줄**

주일	리딩지저스 영상 시청, 성경수업 읽기			
	기본 읽기		핵심 읽기	
월	시 37-42편	완독	시 42편	
화	시 43-48편		시 46편	
수	시 49-54편		시 51편	
목	시 55-60편		시 57편	
금	시 61-66편		시 62편	
토	시 67-72편		시 71편	

1일차 소망의 노래

기본 읽기 시편 37-42편
핵심 읽기 시편 42편

시편 37편의 시인은 악인과 불의를 보며 기뻐하지 말고 선을 행하라고 권면합니다. 38편에서 시인은 자신의 죄악을 하나님께 부르짖으며 신음합니다. 39편은 하나님을 바라며 자신의 소망은 오직 주님께 있다고 고백합니다. 40편은 하나님을 의지하고 찾으라고 이야기하며, 41편은 하나님이 악인을 벌하시며 의인을 건지신다고 이야기합니다. 42편은 시인이 하나님을 얼마나 갈망하는지를 이야기합니다. 이렇게 여섯 편의 시는 저마다 다른 이야기를 하는 것 같지만, 결국 성도의 소망은 하나님께 있으니 하나님께 소망을 두라는 같은 이야기를 합니다. 우리의 소망은 하나님께 있습니다. 우리가 부를 노래도 하나님이시며, 우리가 탄원할 분도 하나님이십니다. 우리의 소망은 영원히 주님께만 있음을 기억하며 시편을 묵상합시다.

2일차 우리의 영원한 피난처

기본 읽기 시편 43-48편
핵심 읽기 시편 46편

현대인의 삶은 예전과는 비교할 수 없이 바쁘고 빠릅니다. 여러 일에 둘러싸여 바삐 지내다 보면 하나님께 기도하며 나아가지 못할 때가 있고, 기도를 하면서도 과연 하나님이 기도를 들어주실지 확신이 안 들 때가 있습니다. 시편을 묵상하면 우리뿐만 아니라 시편의 시인들도 그런 생각을 했던 것처럼 느껴질 때가 있습니다. 그러나 시인들은 거기서 멈추지 않고 단호하게 하나님의 위대하심을 선포합니다. 그 하나님께 우리의 마음을 토해 놓으라고 위로합니다. 하나님은 우리의 피난처요 우리의 도움이시기 때문입니다. 시편에 자주 등장하는 '피난처'라는 표현은 우리에게 큰 위로가 되며, 다시 기도할 힘을 줍니다. 오늘도 말씀으로 새 힘을 얻고 우리의 영원한 피난처이신 하나님께로 나아가지 않으시겠습니까?

3일차 의인을 건지시며 악인을 심판하시는 분

기본 읽기 시편 49-54편
핵심 읽기 시편 51편

인간의 손으로 이룩한 문명이 점점 발전하고 과학기술이 꽃을 피우는 세상에서 눈에 보이지 않는 하나님을 노래하는 것이 세상의 관점으로는 어리석어 보입니다. 시편의 시인들이 활동했던 시대에도 이런 시선이 있었던 것 같습니다. 시편에는 악인을 규탄하고 하나님의 크고 광대하심을 노래하는 내용이 가득합니다. 그러나 세상은 알 수 없습니다. 인간의 시선으로는 감히 담을 수 없는 크신 하나님을 모릅니다. 시편의 시인들은 하나님이 악인들을 규탄하고 의인을 구하시리라 확신하며 감격에 차 노래합니다. 특히 다윗이 지은 시편 51편은 자신의 죄악을 하나님 앞에서 회개하며 정결케 해 달라고 부르짖는 노래입니다. 그가 시에서 노래하듯 하나님은 악인을 벌하시며 또한 성도의 회개를 들으시고 정결케 해 주시는 분임을 기억합시다.

4일차 우리에게 은혜를 베푸소서

기본 읽기 시편 55-60편
핵심 읽기 시편 57편

시편 55편부터 60편까지는 전부 다윗의 노래인데, 이 중에는 유독 다윗이 어려움을 겪을 때 지은 노래가 많습니다. 시편의 표제(시 앞에 운율이나 시를 지을 때의 상황을 간단히 적은 것)를 유심히 살펴보면 다윗이 얼마나 험난하고 기가 막힌 상황을 겪고 있는지 알 수 있습니다. 여건이 된다면, 사무엘상을 함께 읽으며 시편을 묵상해도 좋습니다. 왕이나 정치가 중에 어려움을 겪은 사람이 많지만, 다윗만큼 파란만장한 생애를 보낸 사람은 드뭅니다. 그러나 다윗이 나락으로 떨어져 폭군이 되지 않았던 이유는 극심한 어려움을 겪으면서도 하나님의 구원을 온전히 바라보았기 때문입니다. 그의 시를 묵상하면서 지금도 구원의 손길을 우리에게 따뜻이 내밀어 주시는 하나님을 바라보면 어떨까요?

5일차 내가 간절히 찾을 유일하신 분

기본 읽기 시편 61-66편
핵심 읽기 시편 62편

그리스도인도 세상 사람들처럼 수많은 아픔을 마주하고 어려운 일을 겪습니다. 하지만 우리는 그럴 때마다 하나님께 그 아픔을 부르짖을 수 있습니다. 시편 61편부터 66편까지 여섯 편의 시편은 다윗(61-65편)과 알려지지 않은 시인(66편)의 상황을 표제에 구체적으로 기록하지 않지만, 시인이 어려움 속에 있음은 충분히 짐작할 수 있습니다. 여섯 편의 표현 방식은 각기 다르지만, 저마다 하나님의 구원을 강하게 신뢰하며 간절히 기도합니다. 하나님은 우리의 피난처이시며(61편), 우리의 반석이시고(62편), 내 평생 송축할 분입니다(63편). 또한 우리가 피할 곳이시며(64편), 기도를 들어주시는 분이고(65편), 내가 찬송할 분(66편)입니다. 하나님은 지금도 우리가 의지할 유일하고 넉넉하신 분입니다.

6일차 이새의 아들 다윗의 기도가 끝나니라

기본 읽기 시편 67-72편
핵심 읽기 시편 71편

시편 2권은 솔로몬의 시(72편)로 마무리됩니다. 3-5권에도 다윗의 시는 계속 실려 있지만, 1-2권보다는 조금 덜 실려 있습니다. 이 여섯 편이 전부 다윗의 작품은 아니지만, 생의 마지막 순간까지 하나님을 의지했던 그의 마음을 보여 주는 것 같습니다. 이 시들은 시인이 어떤 어려움이 오더라도 끝까지 하나님을 의지하고 하나님으로부터 오는 구원을 갈망했음을 잘 보여 줍니다. 특히 어려운 순간에도 하나님의 의를 작은 소리로 읊조리겠다는 시인의 고백(71편)은 복 있는 사람은 하나님 말씀을 주야로 묵상하는 자라고 노래하는 시편 1편과 맞닿아 있습니다. 어떠한 순간에도 하나님의 의로우심을 읊조리겠다는 시인의 고백을 묵상하면서 우리도 언약 백성답게 살기로 다시 한번 다짐합시다.

2부

성 ／ 경 ／ 수 ／ 업

시편의
여러 가지
얼굴

새 노래로 여호와께 노래하라
온 땅이여 여호와께 노래할지어다
시편 96편 1절

Lesson 1   시편에서 제일 많이 만나는 시

탄식시

시편에 실린 시를 구분하는 방법은 학자나 견해마다 조금씩 차이가 있지만 공통으로 동의하는 것이 있습니다. 시편에서 가장 많은 시가 바로 탄식시라는 점입니다. 다른 어떤 종류보다 탄식시가 많다는 사실은 타락한 세상에 살고 있는 우리 현실을 잘 보여 준다고 할 수 있습니다.

　탄식시의 시인은 비정상으로 돌아가는 세상에서 절망적 상황에 빠진 자신을 보며 하나님께 건져 달라고 간청합니다. 그래서 탄식시를 '청원시'(petition psalm)라고도 부릅니다. 시인은 단지 혼란한 상황에 빠진 자신의 고통을 알아 달라는 데서 멈추지 않고, 주님이 개입하셔서 고통에서 건져 달라고 간청합니다. 이때 시인이 겪는 혼란의 원인은 자기 생각이나 행동, 대적자들의 악행, 하나님이 행하신 일입니다. 시편 42편은 이 세 가지를 모두 보여 줍니다. 대적자들의 조롱에 대해(3절상), 자신의 감정에 대해(5절상), 그리고 하나님께 버림받은 느낌에 대해(9절) 탄식하며 그 심정을 토로합니다.

　탄식시에는 구조적 공통점이 있습니다. 첫째로 하나님을 부름으로 시작합니다. 부름 다음에는 탄식의 본론이 이어지는데, 시인은 자신의 탄식할

만한 상황을 짧게 또는 길게 토로합니다. 세 번째 부분은 믿음의 고백으로 하나님에 대한 자신의 확신을 표현합니다. 이 고백은 탄식시에서 아주 중요한 부분으로 어떤 시편에서는 이 내용이 시 전체로 확장됩니다. 그런 다음 시인의 탄원이 이어집니다. "들으소서"라고 부르짖거나 "구원하소서"라고 말하면서 하나님의 개입을 간구합니다. 또는 "심판하소서"라는 말로 대적자들을 향해 저주를 표현합니다. 그리고 마지막 부분은 찬양의 서원이나 하나님이 하신 일에 대한 인정으로 끝을 맺습니다. 시편의 시인은 그의 청원이 이미 응답되었다고 가정하지 않습니다. 오히려 하나님이 그의 기도에 응답하실 때 자신이 올려 드릴 찬양의 내용을 말합니다. 시인은 하나님과 흥정하는 것이 아니라, 응답된 기도에 합당한 감사를 드리겠다고 약속합니다. 이는 하나님이 그가 앞서 올려 드린 청원에 응답하실 것임을 깊이 확신하고, 기도가 실제로 응답되었을 때 성전에서 하나님을 인정할 것임을 미리 찬양으로 올려드리는 것입니다.

Lesson 2 인생이 늘 괜찮지는 않지요

탄식하는 법
배우기

탄식시의 기본 내용은 애통과 슬픔, 고통의 상황입니다. 오늘날 그리스도인들도 비슷한 상황을 경험합니다. 하지만 교회에서는 탄식시를 그만큼 자주 다루지는 않는 것 같습니다. 기본적으로 탄식시라는 장르가 현대 독자들에게 익숙하지 않습니다. 현대 사회는 패배 가능성을 수용하지 않으려는 낙관적 문화에 익숙하기 때문입니다. 우리는 열세를 만회하는 이야기나 패배할 듯하다가 승리하는 이야기에 익숙하고, 특히 해피 엔딩을 좋아합니다. 우리 문화는 비탄과 슬픔을 마주하고 싶어 하지 않습니다. 그러다 보니 우리의 슬픔과 고난을 다 같이 표출할 공간이 별로 없습니다. 그 대신에 억지로 애써 웃으며 우리 감정의 어두운 면을 늘 부인하며 살아갑니다.

시편을 쓴 시인들은 우리와 다릅니다. 시인들은 하나님 앞에서 슬픔을 있는 그대로 토로하며 탄식합니다. 그래서 시편을 읽다 보면, 시인들의 정직함에 비추어 우리 영혼을 더 깊이 바라보게 됩니다. 어려움이 닥쳤을 때 그 불편함을 피하려고만 하고, 하나님을 신뢰하는 믿음 밖에서 해결책을 찾으려는 우리 본성을 발견하게 됩니다. 그런 깨달음 가운데 시편을 계속

예배는 모든 것이 행복하기만 한 자리가 아닙니다. 우리는 시편을 쓴 시인들처럼 **하나님께 탄식하는 법**을 배워야 합니다.

읽으면 결국 시인이 부르짖을 때 그와 함께 우리 영혼도 부르짖게 됩니다.

애써 아닌 척하며 살아가지만, 우리 삶이 늘 그럴듯하고 근사하지만은 않습니다. 타락하고 깨진 세상에서 살고 있기에 종종 깊은 슬픔과 외로움을 경험하는 것이 현실입니다. 전형적인 현대의 접근법은 이런 삶의 문제를 해결하려고만 하지만, 우리는 시편 시인들처럼 탄식의 자리로 나아갈 수 있어야 합니다. 삶과 제도, 세상의 잘못된 것들을 직시하면서, 거룩하고 전능하신 하나님 앞에 우리 마음을 정직하게 쏟아 놓아야 합니다. 우리는 어떤 특정 부분에 관한 자신의 죄를 어떻게 인식하고 고백해야 하는지, 또한 하나님을 어떻게 바라보아야 하는지를 확실히 배울 필요가 있습니다.

교회는 이러한 사실을 마주하는 장소가 되어야 합니다. 예배는 모든 것이 행복하기만 한 자리가 아닙니다. 우리는 시편을 쓴 시인들처럼 하나님께 탄식하는 법을 배워야 합니다.

Lesson 3 끝없이 알아 가는 하나님이라는 세계

인정시

인정시는 많은 부분에서 탄식시와 반대입니다. 인정시를 노래하는 시인은 고난의 때에 자신이 간구했던 기도를 응답받고 그 안에서 구원을 발견합니다. 그래서 그는 기도 응답을 회중에게 알리면서 하나님이 자기 삶에 행하신 일을 찬양합니다. 이러한 인정시들은 주로 시인의 개별적인 기도 응답이나 시인의 삶에 역사하신 하나님의 구체적인 구원에 초점을 맞춥니다. 그래서 매우 개인적인 간증이라고 할 수 있습니다.

그렇다고 시인이 간증하는 내용이 단순히 "하나님께서 나를 위해 일하셨다"거나 "하나님을 한번 믿어 보는 것이 문제 해결에 효과가 있다" 같은 것은 아닙니다. 시인은 하나님에게서 멀어졌던 자신에게 하나님이 부어 주신 은혜를 선포하고 감사의 고백을 드립니다. 다시 말해, 인정시는 시인 자신에게 하나님이 베푸신 구원 역사를 공적으로 인정하며 선포하는 고백시입니다.

인정시는 보편적으로 하나님을 찬양하는 선포로 시작하고 개인의 결단을 표현합니다. 그리고 이어서 시인에게 구원이 필요했던 순간과 하나님이 어떻게 그를 구원하셨는지를 재진술합니다.

내가 여호와를 기다리고 기다렸더니

귀를 기울이사 나의 부르짖음을 들으셨도다

나를 기가 막힐 웅덩이와 수렁에서 끌어올리시고

내 발을 반석 위에 두사 내 걸음을 견고하게 하셨도다

새 노래 곧 우리 하나님께 올릴 찬송을 내 입에 두셨으니

많은 사람이 보고 두려워하여 여호와를 의지하리로다(시편 40:1-3)

시편 40편은 아주 좋은 예입니다. "나를 기가 막힐 웅덩이와 수렁에서 끌어올리시고 내 발을 반석 위에 두사 내 걸음을 견고하게 하셨도다. 새 노래 곧 우리 하나님께 올릴 찬송을 내 입에 두셨으니…"(2-3절상). 여기서 "새 노래"란 하나님의 특별한 구원을 공적으로 분명하게 인정하는 것을 의미합니다.

그런 다음에 인정시는 새로운 찬양의 서원을 포함하거나, 대개는 묘사적 찬양과 교훈으로 나아갑니다. 또는 이 둘을 모두 포함합니다. "나와 함께 여호와의 선하심을 찬양하라" 또는 "나의 경험을 통해 하나님이 누구이시며 무엇을 행하시는지 배워야 한다"라는 결론 부분이 인정시의 중심 메시지입니다. 어떤 인정시도 단순히 구원을 알리는 것만으로 끝나지는 않습니다. 시인은 단순히 말만으로는 자기 의무를 다할 수 없기에, 변화한 자신의 삶을 찬양으로 알리되 타인도 그 기쁨의 찬양에 동참하기를 원합니다.

감출 수 없이 터져 나오는 희열

묘사적

찬양시

묘사적 찬양시는 하나님의 속성과 하나님의 신실한 언약을 찬양하는 시입니다. 인정시가 시인의 경험을 노래하는 개인적 차원의 시라면, 묘사적 찬양시는 하나님에 대한 보편적 차원의 시라고 할 수 있습니다. 이런 시편들은 '여호와를 찬양하라'라는 뜻의 "할렐루야"라는 구절을 자주 사용합니다.

> 너희 모든 나라들아 여호와를 찬양하며
> 너희 모든 백성들아 그를 찬송할지어다
> 우리에게 향하신 여호와의 인자하심이 크시고
> 여호와의 진실하심이 영원함이로다
> 할렐루야(시편 117:1-2)

묘사적 찬양시는 대개 세 부분으로 구성됩니다. 먼저 '찬양으로의 부르심'으로 시작하고, 그다음에 '찬양의 이유'를 설명하고, 결론에 이르면 다시 찬양이나 경배로 이끕니다. 가장 짧은 시편인 117편에 이 세 가지가 모

시인들은 하나님의 속성과 돌보심을 묵상한 덕분에 이렇게 찬양할 수 있었습니다. 특히 인간에게 주신 **하나님의 율법서를 연구하고 깊이 묵상한 결과로 나오는 찬양**입니다.

두 간략하게 나타납니다. 1절의 "너희 모든 나라들아 여호와를 찬양하며 너희 모든 백성들아 그를 찬송할지어다"라는 찬양으로의 부르심입니다. 그다음에 우리말 번역에는 생략되어 있으나 히브리어 단어 '키'(왜냐하면)가 있는데, 이는 찬양의 이유를 말합니다. "우리에게 향하신 여호와의 인자하심이 크시고 여호와의 진실하심이 영원함이로다"(2절). 그리고 "여호와를 찬양하라"로 결론을 맺는데, 히브리어로는 '할렐루야'입니다.

시편의 할렐루야는 명령형입니다. 즉 하나님을 향한 찬양을 실제로 실행하라는 명령입니다. 그러므로 시편에서 "여호와를 찬양하라"라고 할 때는 청중이 하나님께 실제로 찬양으로 반응할 것을 기대합니다. 그뿐만 아니라, 묘사적 찬양시에서 "하나님은 누구시다"라는 서술형은 언제나 명령형으로 이어집니다. 즉 "하나님이 이런 분이시니 그분을 찬양하라"라는 것입니다.

시인들은 하나님의 속성과 돌보심을 묵상한 덕분에 이렇게 찬양할 수 있었습니다. 특히 인간에게 주신 하나님의 율법서(토라)를 연구하고 깊이 묵상한 결과로 나오는 찬양입니다. 이는 오늘날 우리가 찬양의 삶을 살려고 할 때도 본받아야 할 모델입니다. 말씀을 읽으면서 '지금 내가 읽고 있는 하나님 말씀에서 하나님을 찬양해야 할 속성이나 하나님의 역사를 드러내는 것은 무엇인가?'라고 질문해 보십시오. 그리고 그 대답을 여러분만의 찬양의 이유로 만들어 보십시오. 우리도 시편을 쓴 시인들처럼 자신만의 찬송과 찬양시를 만들 수 있습니다. 혹은 하나님의 백성을 기도로 인도할 때, 회중들에게 하나님의 위대하심을 드러내며 그들을 찬송 가운데로 인도하는 기도를 해 보십시오. 그러면 우리도 묘사적 찬양시가 담고 있는 메시지와 그 추구하는 바를 잘 이루어 내게 될 것입니다.

Lesson 5 정상과 비정상, 그 사이의 방향 전환

**탄식시, 인정시,
묘사적 찬양시 비교**

이제부터는 시편의 탄식시, 인정시, 묘사적 찬양시 이 세 가지가 하나님 앞에서 우리의 관계와 상태를 반영한다는 점을 살펴보겠습니다.

먼저, 묘사적 찬양시는 '정상 또는 정향'(orientation) 상태를 나타냅니다. 기본적으로 삶의 모든 일이 잘 진행될 때를 표현한 시편들인데, 이런 시편들은 하나님의 하나님 되심을 기뻐하고 특별한 청원이나 기도 응답 요청은 없습니다.

둘째, 탄식시는 '비정상 또는 비정향, 방향 상실'(disorientation) 상태를 나타냅니다. 우리 귓전에 세상이 무너져 가는 소리가 들리고 무엇을 붙잡아야 할지 모를 때 "주여 언제까지입니까? 왜입니까?"라고 부르짖습니다. 이 때 우리는 탄식시를 통해 하나님께로 돌아갈 수 있습니다. 전체 시편에서 탄식시가 가장 많다는 사실은, 타락한 세상에서의 삶의 본질이 어떠한지를 보여 주는 명백한 증거입니다. 타락한 세상에서 우리는 삶의 의미를 찾을 수 없을 때가 많고, 무수한 환난 가운데서 방향을 상실하고 망가지곤 합니다. 그러나 이 상태가 끝이 아님을 우리는 잘 알고 있습니다.

세 번째는 인정시로 '재조정 또는 재정향, 방향 전환'(re-orientation) 상태를 나타냅니다. 시인은 비정상적 세상 속에서 혼돈에 빠진 자신을 하나님이 개입하셔서 도와주신 특별한 상황을 회고합니다. 그러면서 감사와 찬양의 서원을 드리며 하나님께 반응합니다. 인정시나 감사시들이 그런 시입니다. 이런 시들은 비정상적인 망가짐이 우리의 마지막 상태가 아님을 상기시켜 주면서, 오히려 그런 망가짐이 새로운 재조정을 향해 가는 중간 단계임을 보여 줍니다. 우리 밑에 있던 버팀목이 다 사라지고 태산처럼 탄탄하게 보이던 것조차 무너진 상황에서도, 하나님은 우리 인생의 질퍼덕한 늪으로 내려오셔서 우리를 구원하시고 다시 한번 단단한 땅 위에 새로운 삶을 세우시는 분임을 보여 줍니다.

READING JESUS

리딩지저스
: 그리스도 중심으로 읽는 시편 2

우리 인생의 상태를 칼로 자르듯 '정상-비정상-재조정' 단계로 분류하기는 어렵습니다. 하지만 성경의 용어를 빌려서 표현하자면 '창조-타락-구속'의 한 과정이라고 확실하게 말할 수 있습니다. 삶에서 경험하는 모든 어려움과 환난은 하나님과 분리되어 심판 아래 놓인 타락한 세상에서 우리가 살고 있다는 분명한 증거입니다. 하지만 창조주이시며 주권자이신 하나님은 이러한 비정상들을 재조정하셔서 온전히 회복하실 것입니다. 메시아로 오신 예수 그리스도를 통해서 이 일은 이루어집니다. 그러므로 우리는 개인적 비정상에 대한 해결만이 아니라, 새 하늘과 새 땅에서 모든 피조물이 회복되는 우주적 재조정과 충만을 기대하고 갈망합니다. 이것이 전체 시편이 보여 주는 관점이며, 성경 전체를 관통하는 종말론적 관점이기도 합니다.

3부

성 / 경 / 나 / 눔

탄식시는 전체 시편의 거의 절반을 차지합니다. 시인은 단지 혼란한 상황에 빠진 자신의 고통을 알아 달라는 데서 멈추지 않고, 주님이 개입하셔서 자신을 고통에서 건져 달라고 간청합니다. 현대인들은 이러한 탄식시에 익숙하지 않습니다. 우리는 비탄과 슬픔을 회피하고 싶어 하는 문화에 살고 있기 때문입니다. 그러나 탄식시의 가차 없는 정직함 덕분에 우리는 자신의 영혼을 더 깊이 바라볼 수 있습니다. 어려움이 닥칠 때 하나님 밖에서 해결책을 발견하려는 우리의 본성을 깨닫고, 시편을 쓴 시인들과 함께 하나님께 부르짖으며 나아갑니다. 우리는 탄식시를 통해 하나님께 올바로 탄식하는 법을 배워야 합니다.

인정시는 고난의 때에 간구했던 기도의 응답으로 받은 구원을 선포합니다. 그래서 시인은 기도 응답을 회중에게 알리면서 하나님이 자기 삶에 행하신 일에 대해 찬양을 올립니다. 이러한 인정시들은 주로 시인의 개별적인 기도 응답이나 시인의 삶에 역사하신 하나님의 구체적인 구원에 초점을 맞추고 있습니다. 그래서 매우 개인적인 간증의 성격이 있다고 할 수 있습니다.

묘사적 찬양시는 하나님의 속성과 하나님의 신실한 언약에 대한 보편적 반응을 노래합니다. 이런 시편들은 '여호와를 찬양하라'라는 뜻의 "할렐루야"라는 구절을 자주 사용합니다. 시인들은 하나님의 속성과 돌보심을 묵상한 덕분에 이렇게 찬양할 수 있었습니다. 특히 인간에게 주신 하나님의 율법서(토라)를 연구하고 깊이 묵상한 결과로 나오는 찬양입니다. 이는 오늘날 우리가 찬양의 삶을 살려고 할 때도 본받아야 할 모델입니다.

이 같은 세 종류의 시편은 하나님과 우리의 관계와 상태를 반영합니다. 묘사적 찬양시는 삶이 잘 진행될 때를 표현한 '정상' 상태를 나타내고, 탄식시는 삶이 어려울 때를 표현한 '비정상' 상태를 나타냅니다. 다른 어떤 종류보다도 탄식시가 많다는 사실은 타락한 세상에 살고 있는 우리 현실을 보여 주는 것이라고 할 수 있습니다. 인정시는 이런 비정상적인 망가짐이 우리의 마지막 상태가 아님을 상기시키면서, 하나님께 감사와 찬양의 서원을 드리는 '재조정' 상태를 나타냅니다. 이러한 시편들은 '창조-타락-구속'의 과정을 살아가는 우리 인생을 노래합니다. 우리는 지금 하나님에게서 분리되어 심판 아래 놓인 타락한 세상에서 살지만, 하나님이 메시아로 오신 예수 그리스도를 통해 모든 비정상들을 재조정하셔서 회복하실 것입니다. 그리고 우리의 갈망이 단순히 개인적 비정상을 해결하는 데서 그치지 않고, 새 하늘과 새 땅에서 이루어질 우주적 재조정과 충만을 지향하게 하십니다.

성경수업
돌아보기

❶ 시편에 실린 시의 종류를 설명한 글입니다. 빈칸에 들어갈 시의 종류를 찾아보세요.

- 시편에서 가장 많은 시가 바로 (   )입니다. (   )의 시인은 비정상으로 돌아가는 세상에서 절망적 상황에 빠진 자신을 보며 하나님께 건져 달라고 간청합니다. 그래서 (   )를 '청원시'라고도 부릅니다. `성경수업 Lesson 1`

- (   )를 노래하는 시인은 고난의 때에 자신이 간구했던 기도를 응답받고 그 안에서 구원을 발견합니다. 그래서 그는 기도 응답을 회중에게 알리면서 하나님이 자기 삶에 행하신 일을 찬양합니다. 이러한 (   )들은 주로 시인의 개별적인 기도 응답이나 시인의 삶에 역사하신 하나님의 구체적인 구원에 초점을 맞춥니다. 그래서 매우 개인적인 간증이라고 할 수 있습니다. `성경수업 Lesson 3`

- (   )는 하나님의 속성과 하나님의 신실한 언약을 찬양하는 시입니다. 인정시가 시인의 경험을 노래하는 개인적 차원의 시라면, (   )는 하나님에 대한 보편적 차원의 시라고 할 수 있습니다. 이런 시편들은 '여호와를 찬양하라'라는 뜻의 "할렐루야"라는 구절을 자주 사용합니다. `성경수업 Lesson 4`

❷ 삶에서 경험하는 모든 어려움과 환난은 하나님과 분리되어 심판 아래 놓인 타락한 세상에서 우리가 살고 있다는 분명한 증거입니다. 하지만 창조

주이시며 주권자이신 하나님은 이러한 (   )들을 재조정하셔서 온전히 회복하실 것입니다. (   )로 오신 예수 그리스도를 통해서 이 일은 이루어집니다. 리딩지저스

❸ "여호와여 (   )를 내게 가르치소서 내가 주의 진리에 행하오리니 일심으로 (   )을 경외하게 하소서"(시편 86:11)

❹ "여호와께서 (   ) 일을 행하시며 (   ) 모든 자를 위하여 심판하시는도다…여호와는 (   )이 많으시고 은혜로우시며 노하기를 더디 하시고 (   )하심이 풍부하시도다"(시편 103:6, 8)

❺ "내 영혼아 네가 어찌하여 낙심하며 어찌하여 내 속에서 불안해 하는가 너는 하나님께 (   )을 두라 나는 그가 나타나 (   )으로 말미암아 내 하나님을 여전히 (   )하리로다"(시편 42:11)

정답

1. 탄식시, 탄식시, 탄식시, 인정시, 인정시, 묘사적 찬양시, 묘사적 찬양시 2. 비정상, 메시아 3. 주의 도, 주의 이름 4. 공의로운, 억압 당하는, 긍휼, 인자 5. 소망, 도우심, 찬송

❶ 시편의 시인들은 모든 상황에서 하나님을 부르며 그분을 주님이라고 고백
합니다. 나는 어떤 상황에서 하나님을 나의 주님으로 고백하나요?

❷ 시편에서 하나님은 우리가 우리 삶의 비정상만 해결하는 것이 아니라 모
든 피조물이 회복되는 우주적 재조정까지 갈망하도록 이끄십니다. 그렇다
면 우리의 기도 제목은 앞으로 어떻게 바뀌어야 할까요?

❸ 우리에게 온전한 회복을 선물하신 그리스도를 따라 '회복과 재조정'의 노
래를 부르는 한 주간을 살기 위해서 내가 실천할 수 있는 것들을 나누어
봅시다.

기도로 함께
소망하며
___

❶ 성경 말씀에 기초해, 찬양과 감사의 기도를 드립니다.

나는 가난하고 궁핍하오나 주께서는 나를 생각하시오니

주는 나의 도움이시요

나를 건지시는 이시라

나의 하나님이여 지체하지 마소서

시편 40:17

❷ 일상의 변화를 소망하며, 회개와 결단의 기도를 드립니다.

❸ 서로를 위해, 또 교회를 위해 기도합니다.

하나님을 향한
찬양

시편 37편 1-6절

악을 행하는 자들 때문에 불평하지 말며

불의를 행하는 자들을 시기하지 말지어다

그들은 풀과 같이 속히 베임을 당할 것이며

푸른 채소같이 쇠잔할 것임이로다

여호와를 의뢰하고 선을 행하라

땅에 머무는 동안 그의 성실을 먹을거리로 삼을지어다

또 여호와를 기뻐하라

그가 네 마음의 소원을 네게 이루어 주시리로다

네 길을 여호와께 맡기라

그를 의지하면 그가 이루시고

네 의를 빛같이 나타내시며

네 공의를 정오의 빛같이 하시리로다

4

시편 3

성경읽기 시편 73-109편
성경수업 시편의 시작과 1-2권
성경나눔

Lesson 1   150편의 시를 다섯 권으로
Lesson 2   율법을 강조하는 뜻밖의 시작
Lesson 3   시편의 압축판
Lesson 4   의인과 악인의 갈등
Lesson 5   탄식에서 찬란한 소망으로

시편 3에
들어가며

시편은 언뜻 보면 총 150편의 시가 아무 관련 없이 제각각인 듯 보입니다. 쓰인 순서대로 나열하지도 않았고, 저자 별로 모아 놓지도 않아서 그렇게 보일 수밖에 없죠. 그러나 시편 1편부터 150편까지의 순서는 뚜렷한 메시지를 담고 있어서 시편을 각기 다른 시의 모음이 아닌 한 권의 책으로 읽을 수 있습니다. 개별적인 시편뿐만 아니라 시편이란 책 전체가 하나님의 섭리 가운데 우리를 향한 메시지이기 때문입니다. 시편이 하나님을 향한 우리의 찬양과 기도일 뿐만 아니라 우리를 향한 하나님의 말씀이라는 사실을 알 수 있는 방법 중 하나는 시편의 성문화된 구조를 살펴보는 것입니다.

이번 주에는 시편 73편에서 109편까지를 통독하면서, 성경수업을 통해 성경에서 가장 방대한 분량인 시편의 구성과 그에 담긴 깊은 메시지를 살펴보겠습니다.

리딩지저스 3권 4강: 시편 3

QR코드를 찍으면 '시편 3' 리딩지저스 영상으로 바로 연결됩니다. 또는 유튜브에서 '리딩지저스 시편 3'를 검색하여 시청할 수 있습니다. '성경읽기'와 '성경수업'을 시작하기 전에 리딩지저스 영상을 시청하면 도움이 됩니다.

QR코드를 찍으면 **리딩지저스 오디오 바이블**로 연결됩니다. 45주 성경통독 일정에 맞추어 제작된 **오디오 바이블**을 통해 매일의 성경통독 분량을 부담 없이 완독할 수 있습니다. 그리스도 중심 성경읽기 《리딩지저스》와 함께하는 성경통독을 통해 하나님과 동행하는 하루하루가 되기를 소망합니다.

이번 주 성경읽기 스케줄

주일	리딩지저스 영상 시청, 성경수업 읽기			
	기본 읽기		핵심 읽기	
월	시 73-78편	완독	시 77편	
화	시 79-84편		시 84편	
수	시 85-90편		시 86편	
목	시 91-96편		시 96편	
금	시 97-102편		시 102편	
토	시 103-109편		시 107편	

1일차 하나님께 가까이함이 복이라

기본 읽기 시편 73-78편
핵심 읽기 시편 77편

지난주에는 주로 다윗의 시를 읽었지만, 이제는 여러 시인이 등장합니다. 특히 73편부터 78편까지 여섯 편의 시는 전부 다윗 시대에 성전의 찬양대를 섬겼던 아삽이 지은 노래입니다. 아삽은 다윗과 마찬가지로 환난을 당한 언약 백성을 구원하시는 하나님의 은혜를 노래하는데, 다윗과는 또 다른 방법과 언어로 그 풍성한 은혜를 노래합니다. 우리는 기도하면서도 하나님이 혹시 우리를 버리실까, 은혜를 베풀지 않으실까 하고 두려워할 때가 있지만(77편), 그럼에도 하나님께 가까이 있는 것이 복(73편)이라는 사실을 기억해야 합니다. 특히 78편은 하나님이 이스라엘을 어떻게 애굽에서 인도하셨는지를 긴 노래로 들려줍니다. 이제, 아삽이 노래하는 하나님의 풍성한 은혜를 누려 봅시다.

2일차 하나님이여, 빛을 비추소서

기본 읽기 시편 79-84편
핵심 읽기 시편 84편

세상에 악인들이 득세할 때, 그래서 비정상이 가득할 때 우리는 어떻게 기도해야 할까요? 하나님은 그런 비정상을 어떻게 바로잡으실까요? 아삽의 시 다섯 편(79-83편)에는 하나님의 개입과 재조정(3장 Lesson 5 참조)을 바라며 부르짖는 장면이 많습니다. 그러면서 하나님을 "만군의 하나님"이라고 부르기도 합니다. 시편을 지은 시인들도 우리처럼 다양한 상황을 겪다가 하나님께 분개하며 자신의 마음을 쏟아 놓기도 합니다. 그러나 시인은 잠시 좌절해도 영원히 절망하지 않습니다. 악인들이 득세하는 듯 보여도 그들이 누리는 것은 일시적이고 절대 영원하지 않기 때문입니다. 우리는 주의 궁정에서 하루를 보내는 것이 악인의 궁정에서 천 일을 보내는 것보다 훨씬 귀하고 아름답다(84편)는 것을 알고 있습니다.

3일차 내 구원의 하나님이여, 귀를 기울여 주소서

기본 읽기 시편 85-90편
핵심 읽기 시편 86편

시편 89편을 끝으로 3권이 끝나고, 모세가 지은 시편 90편으로 4권이 시작합니다. 시편 85편부터 90편까지 여섯 편의 시인들은 저마다의 목소리로 하나님의 다양한 성품을 노래합니다. 그중에서도 시인들은 하나님의 변함없는 신실하심과 인자하심에 주목합니다. 하나님과의 언약을 저버리기도 하고 하나님을 떠나기도 하는 이스라엘과 달리, 하나님은 한결같이 언약을 기억하며 백성을 돌아보십니다. 그래서 이스라엘은 심판 중에도 하나님께 부르짖을 수 있었습니다. 이 여섯 편의 시인들은 하나님의 그 한결같으심에 의지해 하나님의 구원을 바랍니다. 세상의 영화는 지나가지만, 하나님의 인자는 끝이 없습니다. 시편의 시인들처럼 주의 도를 구하며 주님의 이름을 경외하며 나아가지 않으시겠습니까?

4일차 여호와께 노래하며 즐거이 외치자

기본 읽기 시편 91-96편
핵심 읽기 시편 96편

앞서 읽은 시편 중에는 하나님을 향한 탄원시가 많았지만, 91편부터 96편까지는 하나님을 향한 찬양과 즐거움을 노래하는 시가 많습니다. 앞선 시편의 시인들과 마찬가지로 여섯 편의 시인도 하나님의 인자하심과 성실하심을 노래합니다. 시인들이 노래하는 하나님은 악인을 가차 없이 벌하시지만, 주의 백성을 돌아보시며 인자와 성실을 베푸시는 분입니다. 그러하기에 시인들은 우리에게 기꺼이 하나님을 노래하며 나아가자고 권유합니다. 하나님은 변함없이 지금도 세상의 주이시며 우리의 영광과 높임을 받으시기에 합당한 분입니다. 시인들의 노래를 따라 우리도 하나님께 감사와 찬양을 드리며 나아갑시다.

5일차 여호와여 내 기도를 들으소서

기본 읽기 시편 97-102편
핵심 읽기 시편 102편

시편 97편부터 102편까지 여섯 편의 시 중에는 표제가 조금 특별한 시가 한 편 있는데, 바로 102편입니다. 이 시의 표제는 "고난당한 자가 마음이 상하여 그의 근심을 여호와 앞에 토로하는 기도"라는, 조금 특별하면서도 구체적인 상황을 묘사하고 있어 눈길을 끕니다. 그러나 97편부터 101편까지는 하나님을 향한 찬양과 감사가 주된 내용이라는 상반되는 모습을 통해서 우리는 하나님 말씀이 그만큼 우리 일상과 맞닿아 있음을 생생하게 보게 됩니다. 이처럼 때로는 하나님께 감사로 나아가지만, 때로는 상한 마음을 토로하며 하나님의 은혜를 구하는 것이 성도의 삶입니다. 그러나 하나님은 변하지 않으시니 우리는 변화무쌍한 일상을 하나님께 맡기며 때로는 감사와 찬양으로, 때로는 근심을 토로하며 하나님께 나아갈 수 있습니다. 이런 특권을 성도들에게 허락하신 하나님의 은혜를 기억합시다.

6일차 여호와께 감사하라

기본 읽기 시편 103-109편
핵심 읽기 시편 107편

100번째 시를 기점으로 남은 50여 편은 분량이 조금 많은 편이라 성경읽기를 꾸준히 진행할 때는 조금 어려움을 느낄 수 있습니다. 그러나 시인들이 왜 이렇게 길고 꾸준한 호흡으로 하나님을 노래하고 있는지를 조심스레 살펴본다면, 시편의 아름다움을 다시 한번 느낄 수 있습니다. 시편 103편부터 109편까지 일곱 편의 시는 주로 감사시입니다. 시인들은 자기 영혼에게 하나님을 찬양하라고 선포합니다. 하나님이 자기 백성에게 행하신 구원과 인도하심에 대한 근본적인 감사와 이스라엘에 행하신 일들에 대한 구체적인 감사가 담긴 시들은 그리스도인들이 하나님께 어떤 감사를 드려야 하는지 가르쳐 줍니다. 하나님께 감사합시다. 그분은 선하시고 그분의 인자하심이 영원하기 때문입니다.

2부

성／경／수／업

시편의 시작과
1-2권

하나님이여
사슴이 시냇물을 찾기에 갈급함 같이
내 영혼이 주를 찾기에 갈급하니이다
시편 42편 1절

150편의 시를 다섯 권으로

모세오경을 닮은

시편의 구성

시편은 하나님을 향한 우리의 고백이자 동시에 우리를 향한 하나님의 말씀입니다. 시편은 시인이 자기 생각과 감정을 표현한 노래이지만, 우리는 그 시를 통해 하나님의 가르침을 받습니다. 그리고 이러한 목적을 위해 시편은 조직적으로 배열되고 성문화되었습니다.

　우리가 현재 읽고 있는 시편은 총 다섯 권으로 구성되어 있습니다. 1권은 1-41편, 2권은 42-72편, 3권은 73-89편, 4권은 90-106편, 마지막으로 5권은 107-150편입니다. 1편과 2편은 시편 전체의 서문 역할을 하며, 마지막 다섯 편(146-150편)은 시편 전체의 결론입니다.

● **시편의 구성**

시편 1권	시편 2권	시편 3권	시편 4권	시편 5권
1편	42편	73편	90편	107편
⋮	⋮	⋮	⋮	⋮
41편	72편	89편	106편	150편

　우선 다섯 권의 끝에는 마지막을 알리는 표시가 있는데, 모두 "송축할지

로다", "아멘", "찬송할지어다", "할렐루야"라는 찬양으로 마감합니다. 41
편 13절, 72편 19-20절, 89편 52절, 106편 48절, 150편 6절을 보십시오.

● **시편 1-5권의 마지막 절**

41:13 이스라엘의 하나님 여호와를 영원부터 영원까지 <u>송축할지로</u>
다 아멘 아멘

72:19-20 그 영화로운 이름을 영원히 <u>찬송할지어다</u> 온 땅에 그의 영광이
충만할지어다 <u>아멘</u> 아멘 이새의 아들 다윗의 기도가 끝나니라

89:52 여호와를 영원히 <u>찬송할지어다</u> 아멘 아멘

106:48 여호와 이스라엘의 하나님을 영원부터 영원까지 <u>찬양할지어</u>
다 모든 백성들아 <u>아멘</u> 할지어다 할렐루야

150:6 호흡이 있는 자마다 여호와를 <u>찬양할지어다</u> 할렐루야

시편은 전체가 하나의 찬송입니다. 총체적으로 찬양하는 어조가 담겨
있고 찬양을 향해 나아갑니다. 특히 마지막 여섯 시(145-150편)는 대찬양
(mega-doxology)의 축제로 대미를 장식합니다. "할렐루야!"와 "주를 찬양
하라"를 반복해서 힘차게 외칩니다(2장 Lesson 5 참조).

시편을 다섯 권으로 나눈 데는 모세오경(율법서)에 대응하는 목적이 있
습니다. 즉 시편의 다섯 권은 모세오경을 의도적으로 반영하기 위한 것입
니다. 그렇다고 모세오경과 시편을 구체적으로 연결하는 일대일 대응점이
있다는 말은 아닙니다. 시편을 읽을 때는 모세오경에서 하나님이 자신을
계시하신 방식에 응답하며 읽어야 한다는 뜻입니다. 시편의 첫머리인 1편
은 이 점을 자명하게 밝힙니다.

복 있는 사람은…율법을 즐거워하여 그의 율법을 주야로 묵상하는도

다(시편 1:1-2)

모세오경에 계시하신 것과 동일한 하나님의 명령이 시편 전체 구성에도

심기도록 의도하고 있습니다.

· **율법을 강조하는 뜻밖의 시작**

시편 1편

시편 1편과 2편은 시편 전체의 서론 역할을 합니다. 두 시는 1권의 다른 시와 달리 "다윗의 시"라는 표제가 없고, 뒤에 나오는 모든 시와 분리되어 있습니다. 시편 1편과 2편을 함께 읽으면, 둘을 한 단위로 묶는 문학적 특성을 발견할 수 있습니다. 1편의 시작과 2편의 끝맺음이 '복 있는 사람'(ashre)으로 묶여 있습니다. 이는 1편과 2편을 함께 묶는 수미상관 (inclusio) 용법으로, 시편 1편 1절이 '복'으로 시작하고("복 있는 사람은"), 2편의 마지막 12절도 '복'으로 끝납니다("여호와께 피하는 모든 사람은 다 복이 있도다").

또한 두 시 모두 의인과 악인의 차이를 강조하기 위해 '묵상하다'(hagah) 라는 공통의 언어를 사용합니다. 1편에서는 하나님의 율법을 "묵상"하는 자(hagah)가 의로운 자이고, 2편에서는 여호와와 그의 기름 부음 받은 자를 무너뜨리려고 헛된 일을 "꾀"하는 자(hagah)가 악인입니다. 또한 1편은 "악인들의 길은 망하리로다"로 끝을 맺고, 2편은 "너희가 길에서 망하리니"로 끝납니다. 1편에서는 악인들이 "앉아"(yashab) 있고, 2편에서는 하나님이 하늘에 "앉아"(yashab) 계십니다. 이렇듯 1편과 2편은 한 쌍으로 시편 전체의 서론 역할을 합니다.

특히 시편 1편의 핵심은 하나님의 율법입니다. 율법에 맞는 격조를 갖추어 복을 표현하는 다섯 행이 먼저 길게 나오고(1-3절), 이어서 나오는 짧고 날카로운 다섯 행에서는 불의한 길로 가지 말라고 경고합니다(4-6절). 시편 1편은 하나님의 율법을 즐거워하는 신자의 기쁨을 표현함으로써 시편 전체에서 하나님의 율법이 지니는 위치를 강조합니다. 그런 의미에서 시편 전체에서 가장 긴 119편이 율법을 향한 감사의 시인 것도 결코 우연이 아닙니다. 앞에서 언급했듯이 시편 전체가 다섯 권으로 나뉜 이유는 모세오경 다섯 권을 거울로 삼았기 때문입니다. 이는 하나님의 율법을 바르게 이해해야만 올바른 찬양과 기도를 드릴 수 있고 하나님의 율법에 따라 올바른 경건의 삶을 살 수 있기 때문입니다.

시편의 압축판

시편 2편으로 넘어가면서 분위기가 사뭇 바뀝니다. 1편이 율법을 묵상하는 자에 대해 말한다면, 2편은 율법을 대적하는 민족을 보여 줍니다. 특히 여호와와 기름 부음 받은 자, 즉 다윗 왕조의 왕에게 반역하는 자들을 소개합니다.

어찌하여 이방 나라들이 분노하며 민족들이 헛된 일을 꾸미는가 세상의 군왕들이 나서며 관원들이 서로 꾀하여 여호와와 그의 기름 부음 받은 자를 대적하며 우리가 그들의 맨 것을 끊고 그의 결박을 벗어 버리자 하는도다(시편 2:1-3)

또한 2편은 시편 전체의 주인공인 다윗 왕조의 한 왕을 소개하는데, 그분은 하나님의 아들로서 하나님의 약속과 연관하여 등장합니다.

내가 나의 왕을 내 거룩한 산 시온에 세웠다 하시리로다 내가 여호와의 명령을 전하노라 여호와께서 내게 이르시되 너는 내 아들이라 오

시편 2편은 시편 전체의 주인공인 다윗 왕조의 한 왕을 소개하는데, 그분은 **하나님의 아들**로서 하나님의 약속과 연관하여 등장합니다.

늘 내가 너를 낳았도다(시편 2:6-7)

1편에 이어 2편도 '복'을 이야기합니다. 1편은 여호와의 율법 안에 머무는 것이 복이고, 2편은 여호와의 기름 부음 받은 자에게 피하는 것이 복이라고 말합니다.

내게 구하라 내가 이방 나라를 네 유업으로 주리니 네 소유가 땅끝까지 이르리로다 네가 철장으로 그들을 깨뜨림이여 질그릇같이 부수리라 하시도다…그의 아들에게 입맞추라 그렇지 아니하면 진노하심으로 너희가 길에서 망하리니 그의 진노가 급하심이라 여호와께 피하는 모든 사람은 다 복이 있도다(시편 2:8-12)

1편과 2편은 시편 전체의 서론으로 시편의 주요 주제를 함축해 소개합니다. 의인과 악인의 대조와 갈등, 하나님의 율법에 거하는 의인의 기쁨, 하나님 통치에 대한 확신, 기름 부음 받은 다윗 왕조를 향한 하나님의 약속, 이러한 축복의 성취를 갈망하는 종말론적 관점 등이 등장합니다. 이후에 이어지는 모든 시편에서 이런 주제들이 각각 나옵니다. 이제 시편을 권별로 개괄적으로 다루면서, 시편 1-2편에 나온 주제들이 어떻게 발전되어 가는지 살펴보겠습니다.

Lesson 4   의인과 악인의 갈등

시편 1권
(1-41편)

1권의 거의 모든 시편은 다윗의 시입니다. 그중에 "다윗의 시"라는 표제가 없는 시편은 1, 2, 10, 33편뿐입니다. 10편은 원래 9편의 일부분이었기 때문에 표제가 없고, 33편은 32편과 밀접하게 묶여 있어서 별도의 표제가 없다고 볼 수 있습니다.

시편 1권(1-41편)에서 가장 두드러지는 내용은 의인과 악인의 갈등입니다. 이런 모습은 3편에서부터 바로 등장합니다. 여기서 여호와와 그의 기름 부음 받은 자를 대적하는 자들은 이방 민족들뿐 아니라 다윗의 친아들인 압살롬까지를 포함합니다(3편 표제). 시편 1권은 나머지 서른아홉 편의 시에서도 악인들을 계속 언급하면서 분노하신 하나님께 고통받을 그들의 혹독한 운명을 강조합니다. 이에 비해 의인에 대한 언급은 적은데, 대다수 탄식시가 그렇듯이 의인의 목소리는 시인의 음성으로 나타나기 때문입니다.

1권의 마지막 시편인 41편은 1권을 마무리하면서 1편과 2편의 주요 용어를 반복하여 사용합니다. 먼저, 1편처럼 "복이 있음이여"(1절)로 시작합니다. 41편의 복 있는 사람은 시인 자신(다윗)이며, 그의 의로

"주는 나의 도움이시요 나를 건지시는 이시라 **나의 하나님이여** 지체하지 마소서"(시편 40:17).

움은 여호와가 그를 보호하신다는 사실로 입증됩니다. 주가 세우신 다윗 왕을 대적들이 둘러싸지만, 하나님이 그를 보호하시기 때문에 대적들은 그를 이기지 못합니다. 하나님이 악인의 재판장이시며 기름 부음 받은 자와 온 인류의 구원자이시기 때문입니다. 41편은 대적자들의 공격으로 혼미한 상황 가운데서 악인의 심판자이시며 기름 부음 받은 자의 구원자이신 하나님 안에서 피난처와 소망을 찾도록 독자들을 가르치면서 1권을 마감합니다.

Lesson 5 　탄식에서 찬란한 소망으로

시편 2권

(42-72편)

2권(42-72편)도 1권과 같은 주제를 이어 갑니다. 2권의 문을 여는 42-43편은 우리를 탄식 상태로 몰아넣습니다. 대적들이 승리하자 시인은 하나님께 버림받은 듯 낙심합니다. 그러나 그는 여전히 하나님을 신뢰하며, 하나님이 그를 악한 나라들로부터 구원하시고 자신을 둘러싼 악한 자들에게서 건지시리라 확신합니다. 그러면서 2권은 새로운 분위기를 보이는데, 1권과 달리 이스라엘의 하나님을 일컫는 개인적 이름인 '여호와'보다 하나님의 일반적 호칭인 '엘로힘'을 더 많이 사용합니다. 즉 1권에서 2권으로 넘어가면서 이스라엘을 넘어 모든 열방을 향해 참되신 한 분 하나님을 함께 경배하자고 초청합니다.

2권의 마지막인 72편에 이르면 시인의 소망은 전적인 지지를 받습니다. 이 시는 솔로몬의 시인데 다윗의 언약이 드디어 아버지에서 아들에게 전달되고 있음을 보여 줍니다. 따라서 장차 오실 의로운 왕에 대한 기대가 강하게 나타납니다. 장차 오실 의로운 왕은 충만한 새 창조를 일으켜서 나라 전체에 곡식과 과일이 가득하게 하실 것입니다. 또한 이 왕은 약자를 돌보시고, 가난한 자의 자녀들을 구원하실 것입니다. 2편에 등장하는 기름 부음 받은 자처럼, 72편에서 노래하는 장차 오실 왕에게 열방은 물론이고 "바다에서부터 바다까지 강에서부터 땅끝까지"가 복종할 것입니다. 그가 통치한 결과는 물을 충분히 공급받아서 자라난 채소의 풍성함 같을 것인데, 이는 1편의 이미지와 같은 모습입니다. 이렇듯 시편 2권은 42-43편의 탄식에서 시작하여 72편의 찬란한 소망으로 나아가는 어조를 보여 주며 끝납니다.

READING JESUS

리딩지저스
: 그리스도 중심으로 읽는 시편 3

시편의 서론인 1-2편은 시작과 끝에서 '복'에 대해 이야기합니다. 1편은 여호와의 율법 안에 머무는 것이 복이고, 2편은 여호와의 기름 부음 받은 자에게로 피하는 것이 복이라고 말합니다. 기름 부음 받은 자는 아버지로 부터 열방을 유업으로 얻도록 부르심을 받았습니다. 이 말씀은 마침내 예수 그리스도의 대위임령(The Great Commission)을 통해 성취될 것입니다. "하늘과 땅의 모든 권세를 내게 주셨으니 그러므로 너희는 가서 모든 민족을 제자로 삼아 아버지와 아들과 성령의 이름으로 세례를 베풀고 내가 너희에게 분부한 모든 것을 가르쳐 지키게 하라 볼지어다 내가 세상 끝날까지 너희와 항상 함께 있으리라"(마태복음 28:18-20).

하나님의 아들이신 예수 그리스도는 기름 부음 받은 자이자 궁극적인 메시아로서 그를 따르는 자들을 온 땅으로 보내 모든 민족이 주님 안에서 궁극적인 복, 곧 구원을 얻게 하십니다. 그들이 주께 복종하고 세례를 받음으로써, 그리고 하나님이 자기 백성에게 복으로 주신 하나님의 율법, 즉 모든 하나님의 말씀으로 교육받음으로써 이 일은 이루어집니다.

시편 3
한눈에 보기

시편은 하나님을 향한 우리의 고백이자, 우리를 향한 하나님의 말씀입니다. 정교한 구조와 분명한 목적을 위해 총 150편의 시를 다섯 권으로 엮은 성경입니다. 각 권 마지막 부분은 "송축할지어다", "할렐루야" 등 찬양으로 마감되는데, 특히 마지막 여섯 시인 145-150편은 대찬양의 축제로 끝을 맺습니다.

시편을 다섯 권으로 나눈 것은 모세오경(율법서)을 의도적으로 반영한 것입니다. 시편을 읽을 때는 모세오경에서 하나님이 자신을 계시하신 방식에 응답하며 읽어야 한다는 뜻입니다. 시편의 첫머리인 1편은 이 점을 자명하게 밝힙니다. "복 있는 사람은…율법을 즐거워하여 그의 율법을 주야로 묵상하는도다"(시편 1:1-2). 모세오경에 계시하신 것과 동일한 하나님의 명령이 시편 전체 구성에도 심기도록 의도하고 있습니다.

1편과 2편은 시편 전체의 서론 역할을 합니다. 시편 1편 1절이 '복'으로 시작하고("복 있는 사람은"), 2편의 마지막 절인 12절도 '복'으로 끝납니다("여호와께 피하는 모든 사람은 다 복이 있도다"). 이는 수미상관 용법으로 시편의 주요 주제를 함축적으로 담고 있습니다.

1편의 핵심은 하나님의 율법입니다. 하나님의 율법을 즐거워하는 신자의 기쁨을 표현함으로써 시편 전체에서 하나님의 율법이 지니는 위치를 강조합니다. 이는 하나님의 율법을 바르게 이해해야만 올바른 찬양과 기도를 드릴 수 있고 하나님의 율법에 따라 올바른 경건의 삶을 살 수 있기 때문입니다. 2편으로 넘어가면 분위기가 사뭇 바뀌는데, 1편이 율법을 묵상하는 자에 대하여 말한다면, 2편은 율법을 대적하는 민족을 보여 줍니다. 특히 여호와와 기름 부음 받은 자, 즉 다윗 왕조의 왕에게 반역하는 자들을 등장시키면서, 시편 전체의 주인공인 다윗 왕조의 한 왕을 소개합니다. 그분은 하나님의 아들로서 하나님의 약속과 관련하여 등장합니다.

1권(1-41편)에서 가장 두드러지는 것은 의인과 악인의 갈등입니다. 1권의 마지막 시편인 41편에서 1-2편의 주요 주제들을 발견하는 것은 그리 어렵지 않습니다. 41편의 복 있는 사람은 시인 자신(다윗)이며 그의 의로움은 여호와가 그를 보호하신다는 사실로 입증됩니다. 주가 세우신 다윗 왕을 대적들이 둘러싸지만, 하나님이 그를 보호하시기에 대적들은 그를 이기지 못합니다. 2권(42-72편)도 동일한 기본 주제를 이어 가면서 탄식 가운데 하나님을 신뢰하라고 말합니다. 2권 전체가 탄식에서 찬양으로 나아가면서 2권의 마지막 72편은 장차 오실 의로운 왕을 소개합니다. 그러면서 장차 오실 의로운 왕이 일으키실 새 창조의 결과를 기대하게 합니다. 시편에서 이야기하는 이 모든 내용은 예수 그리스도를 통해 성취됩니다. 하나님의 아들이신 예수 그리스도는 기름 부음 받은 자이자 궁극적인 메시아로서 그를 따르는 자들을 온 땅으로 보내 모든 민족이 주님 안에서 궁극적인 복, 곧 구원을 얻게 하십니다.

❶ 시편 다섯 권의 끝에는 (　　　　　)을 알려 주는 표시가 있는데, 모두 "송축할지로다", "아멘", "찬송할지어다", "할렐루야"라는 (　　　　)으로 마감합니다.
"이스라엘의 하나님 여호와를 영원부터 영원까지 (　　　　　　　　)
아멘 아멘"(시편 41:13).
"여호와 이스라엘의 하나님을 영원부터 영원까지 (　　　　　　　　)
모든 백성들아 (　　　　) 할지어다 (　　　　　　　　)"(시편 106:48)
[성경수업 Lesson 1]

❷ 시편을 다섯 권으로 나눈 데는 (　　　　　　　　)에 대응하는 목적이 있습니다. 즉 시편의 다섯 권은 (　　　　　　　　)을 의도적으로 반영하기 위한 것입니다. 시편을 읽을 때는 (　　　　　　　　)에서 하나님이 자신을 계시하신 방식에 응답하며 읽어야 한다는 뜻입니다. (　　　　　　　)에 계시하신 것과 동일한 하나님의 명령이 시편 전체 구성에도 심기도록 의도하고 있습니다. [성경수업 Lesson 1]

❸ 시편 1편과 2편은 시편 전체의 서론 역할을 합니다. 두 시는 1권의 다른 시와 달리 "다윗의 시"라는 표제가 없고, 뒤에 나오는 모든 시와 분리되어 있습니다. 1편의 시작과 2편의 끝맺음은 (　　　　　　　　)으로 묶

여 있습니다. 시편 1편 1절이 (   )으로 시작하고, 2편의 마지막 12절도 (   )으로 끝납니다. (성경수업 Lesson 2)

❹ 하나님의 율법을 바르게 이해해야만 올바른 (   )과 (   )를 드릴 수 있고 하나님의 율법에 따라 올바른 (   )의 삶을 살 수 있습니다. (성경수업 Lesson 2)

❺ 시편 1권(1-41편)에서 가장 두드러지는 내용은 의인과 악인의 (   )입니다. 시편 1권은 (   )들을 계속 언급하면서 분노하신 하나님께 고통받을 그들의 혹독한 운명을 강조합니다. 이에 비해 (   )에 대한 언급은 적은데, 대다수 탄식시가 그렇듯이 (   )의 목소리는 (   )의 음성으로 나타나기 때문입니다. (성경수업 Lesson 4)

정답

1. 마지막, 찬양, 송축할지로다, 찬양할지어다, 아멘, 할렐루야 2. 모세오경, 모세오경, 모세오경, 모세오경 3. 복 있는 사람, 복, 복 4. 찬양, 기도, 경건 5. 갈등, 악인, 의인, 의인, 시인

나눔

질문

❶ 시편 1편은 하나님의 말씀에 뿌리박는 삶이 진정한 복이라고 이야기합니다. 나는 이 복을 충만히 누리는 한 주간을 보냈나요?

❷ 악인이 형통하고 성도들은 고통당하는 것만 같은 상황에서도 시편의 시인들은 탄식을 통해 결국은 찬양의 자리까지 나아갑니다. 나는 어떤 상황에서도 하나님을 찬양할 수 있나요?

❸ 하나님은 영원히 우리의 찬양을 받으실 분입니다. 우리에게 궁극적인 승리를 주실 하나님께 한 주간의 삶을 통해 어떻게 감사와 찬양과 간구를 드릴 수 있을까요?

기도로 함께
소망하며

❶ 성경 말씀에 기초해, 찬양과 감사의 기도를 드립니다.

> 내 영혼아 여호와를 송축하라
> 내 속에 있는 것들아 다 그의 거룩한 이름을 송축하라
> 내 영혼아 여호와를 송축하며 그의 모든 은택을 잊지 말지어다
> 시편 103:1-2

❷ 일상의 변화를 소망하며, 회개와 결단의 기도를 드립니다.

❸ 서로를 위해, 또 교회를 위해 기도합니다.

하나님을 향한
찬양

시편 86편 6-13절

여호와여 나의 기도에 귀를 기울이시고

내가 간구하는 소리를 들으소서

나의 환난 날에 내가 주께 부르짖으리니

주께서 내게 응답하시리이다

주여 신들 중에 주와 같은 자 없사오며

주의 행하심과 같은 일도 없나이다

주여 주께서 지으신 모든 민족이 와서 주의 앞에 경배하며

주의 이름에 영광을 돌리리이다

무릇 주는 위대하사 기이한 일들을 행하시오니

주만이 하나님이시니이다

여호와여 주의 도를 내게 가르치소서

내가 주의 진리에 행하오리니

일심으로 주의 이름을 경외하게 하소서

주 나의 하나님이여 내가 전심으로 주를 찬송하고

영원토록 주의 이름에 영광을 돌리오리니

이는 내게 향하신 주의 인자하심이 크사

내 영혼을 깊은 스올에서 건지셨음이니이다

5

시편 4

성경읽기 시편 110-150편

성경수업 시편 3-5권, 그리고 예수 그리스도

성경나눔

Lesson 1 번성하는 악과 소멸하는 희망

Lesson 2 어둠 속에서 더 빛나는 약속

Lesson 3 마침내 다가올 그날

Lesson 4 그분을 노래하는, 그분의 시

Lesson 5 만물의 회복과 완성을 기다리며

시편 4에
들어가며

시편은 서로 특별한 연관성 없는 150편의 시를 모아 놓은 것 같지만, 사실은 정교한 구조와 분명한 목적을 위해 다섯 권으로 묶여 있습니다. 따라서 우리는 각각의 시편을 묵상하며 읽되 시편 전체가 하나님의 섭리 가운데서 우리를 위한 메시지를 전한다는 것을 기억하며 읽어야 합니다. 이 다섯 권의 시편 중 지난 주에 살펴본 1권과 2권에 이어서 이제 시편 3권, 4권, 5권을 살펴보겠습니다.

이번 주에는 시편 110편에서 150편까지를 통독하면서 탄식에서 찬양으로 나아가는 시편 책의 절정을 누리게 될 것입니다. 또한 구약의 여느 책과 마찬가지로 시편도 궁극적으로 우리에게 예수 그리스도를 보여 준다는 점을 기억하며, 성경수업을 통해 시편에서 예수님을 만나는 몇 가지 방법을 살펴보겠습니다.

리딩지저스 3권 5강: 시편 4

QR코드를 찍으면 '시편 4' 리딩지저스 영상으로 바로 연결됩니다. 또는 유튜브에서 '리딩지저스 시편 4'를 검색하여 시청할 수 있습니다. '성경읽기'와 '성경수업'을 시작하기 전에 리딩지저스 영상을 시청하면 도움이 됩니다.

📖 QR코드를 찍으면 **리딩지저스 오디오 바이블**로 연결됩니다. 45주 성경통독 일정에 맞추어 제작된 **오디오 바이블**을 통해 매일의 성경통독 분량을 부담 없이 완독할 수 있습니다. 그리스도 중심 성경읽기 《리딩지저스》와 함께하는 성경통독을 통해 하나님과 동행하는 하루하루가 되기를 소망합니다.

📖 **이번 주 성경읽기 스케줄**

주일	리딩지저스 영상 시청, 성경수업 읽기			
	기본 읽기		핵심 읽기	
월	시 110-115편	완독	시 115편	
화	시 116-120편		시 119편	
수	시 121-125편		시 121편	
목	시 126-130편		시 126편	
금	시 131-140편		시 138편	
토	시 141-150편		시 150편	

1일차 우리가 구해야 할 복, 우리가 높여야 할 이름

───────────────
기본 읽기 시편 110-115편
핵심 읽기 시편 115편

시편은 우리가 추구해야 할 진정한 복이 무엇인지 한결같은 시선으로 노래합니다. 시편에서 말하는 복은 하나님을 경외하고 그의 계명을 즐거워하는 것(112편)입니다. 110편부터 115편까지 여섯 편의 시편은 영원히 우리의 찬양을 받기에 합당하시며, 크고 높으신 하나님을 노래합니다. 우리가 아닌 오직 하나님만 영광을 받으셔야 하며(115편), 우리는 그분의 이름을 영원히 찬양해야 합니다. 사람들은 누구나 복을 받고 싶어 하고 자기 이름을 빛내고 싶어 하지만, 이 여섯 편의 시편은 우리가 어떻게 살아야 하는지를 노래합니다. "이제부터 영원까지 여호와의 이름을 찬송할지로다"(113:1)라는 시인의 고백에 동참합시다.

2일차 달고 오묘한 하나님 말씀

───────────────
기본 읽기 시편 116-120편
핵심 읽기 시편 119편

오늘 우리가 읽어야 하는 본문 중에는 성경에서 가장 긴 시편 119편이 있습니다. 119편은 무려 176절이라는 엄청난 분량을 자랑하기 때문에 지레 겁을 먹고 읽기를 포기하는 사람들도 있습니다. 그러나 119편은 하나님의 율법을 사모하여 지키는 것이 얼마나 귀하고 아름다운 일인지를 노래한 멋진 시입니다. 또한 각 행의 시작을 22개 히브리어 알파벳 순서대로 배열하고, 한 알파벳당 8행씩 배치한 문학 기교(acrostic)를 사용해서 하나님의 말씀을 사모하는 마음을 더욱 또렷하게 담아내고 있습니다. 함께 읽을 다섯 편의 시 또한 하나님의 사랑과 은혜를 아름다운 시어로 표현하고 있어서 그 은혜를 느끼기에 부족함이 없습니다. 시편을 묵상하며 주의 말씀이 꿀처럼 달다(119:103)는 표현을 직접 경험해 보길 바랍니다.

3일차 우리의 영원한 도움이 되시는 하나님을 노래하라

기본 읽기 시편 121-125편
핵심 읽기 시편 121편

시편 120편부터 134편까지는 "성전에 올라가는 노래"라는 표제가 붙어 있습니다. 이 시들은 제사를 지내거나 절기를 지키기 위해 예루살렘 성전으로 올라가는 순례자가 부른 노래로 알려져 있습니다. 성전에 올라가는 노래들은 전부 하나님의 도우심을 구하며, 하나님이 주시는 평강을 아름답게 노래합니다. 우리에게 가장 잘 알려진 시는 121편이지만, 다른 시들 역시 아름다운 고백들로 가득합니다. 성전에 올라가는 노래들을 묵상하면서, 그때나 지금이나 변함없이 우리의 영원한 도움이시며(121, 124편) 영원한 평안을 주시는(122, 125편) 분께 우리 눈을 향하여 두고(123편) 나아갑시다.

4일차 모든 삶 속에서 하나님을 바라보라

기본 읽기 시편 126-130편
핵심 읽기 시편 126편

시편 126편부터 130편까지의 다섯 편 역시 "성전에 올라가는 노래"입니다. 그러나 앞서 읽은 시들과는 조금 다른 상황과 감정이 엿보입니다. 이 다섯 편의 시들은 포로 생활에서 풀려난 감격을 노래하거나(126편) 가족의 번성과 평안을 노래하고(127-128편) 악인을 끊으시고 벌하시는 하나님의 은혜를 찬양하기도 합니다(129편). 또한 하나님을 향한 탄원과 구원에 대한 기대를 노래하며(130편) 이스라엘 백성의 삶에서 다양한 모습으로 풍성하게 역사하시는 하나님을 노래합니다. 우리 삶에 기쁨이 넘칠 때나 슬픔이 넘칠 때, 그 어떤 상황에서도 하나님은 변함없이 우리에게 은혜를 베푸십니다. 그래서 우리는 어떤 상황에서도 하나님을 찬양하며 그분의 사랑을 노래할 수 있습니다.

5일차 끝없는 감사를 올려드리라

기본 읽기 시편 131-140편
핵심 읽기 시편 138편

이제 우리는 이틀간 시편 스무 편을 읽을 텐데, 오늘은 131편부터 140편까지 모두 열 편의 짧은 시를 읽을 것입니다. 그중 다섯 편은 다윗의 시이고, 134편까지는 "성전에 올라가는 노래"들입니다. 어떤 시는 조용한 목소리로 하나님을 노래하고, 어떤 시는 비탄에 빠져서 하나님의 구원하심을 바라며 부르짖습니다. 내 모든 것을 다 아시는 주님께 나아가며 영원한 인도를 구하는 시도 있고, 이스라엘 역사 속에서 세밀하게 인도하신 하나님을 찬양하며 감사하는 시도 있습니다. 우리는 매일 다양한 상황을 만나며 살아갑니다. 그러나 우리 입술의 고백은 한결같습니다. 그분의 인자하심이 영원하기 때문에(136편) 우리는 날마다 감격이 넘치는 감사로 나아가게 됩니다. 우리의 앉고 일어서는 것도 아시는 하나님(139편)을 찬양하지 않으시겠습니까?

6일차 왕이신 하나님을 찬양하라

기본 읽기 시편 141-150편
핵심 읽기 시편 150편

이제 우리는 4주간의 시편 항해를 마무리합니다. 141편부터 150편까지 열 편의 시편 시인들은 저마다 하나님께 탄원과 간구와 찬양을 드리지만, 끝까지 하나님이 우리의 찬양을 받기에 합당하신 분임을 잊지 않습니다. 다양한 모습으로 하나님을 찬양한 시편은 145편부터 절정의 대찬양을 드리다가 150편에서 하나님께 드리는 감격의 송영으로 마무리합니다. 시편은 하나님 말씀을 주야로 묵상하는 사람이야말로 진정 복 있는 사람이라는 고백에서 시작하여 호흡이 있는 모든 사람마다 하나님을 찬양하라는 감격의 고백으로 마무리합니다. 우리도 시인처럼 하나님을 향한 감격과 감사의 환호성을 울리며 날마다 예배의 자리로 나아가면 좋겠습니다.

2부

성 / 경 / 수 / 업

시편 3-5권,
그리고
예수 그리스도

호흡이 있는 자마다
여호와를 찬양할지어다
할렐루야
시편 150편 6절

Lesson 1   번성하는 악과 소멸하는 희망

시편 3권

(73-89편)

시편 2권의 마지막 시인 72편은 장차 오실 의로운 왕을 소개하며, 그가 이루실 새 창조와 번영을 바라는 소망으로 마칩니다. 그러나 3권(73-89편)이 시작되는 73편에서는 분위기가 완전히 바뀝니다. 시인은 주위의 악인들이 망하기는커녕 오히려 번창하는 모습을 보고 실족할 뻔했다고 고백합니다. 그리고 그가 성전으로 들어가서 의인과 악인의 마지막 운명을 다시 이해하게 되었을 때 그는 비로소 답을 찾게 됩니다. 그래서 73편은 1-2편의 메시지를 다시 한번 고백하며 끝을 맺습니다.

> 무릇 주를 멀리하는 자는 망하리니 음녀같이 주를 떠난 자를 주께서 다 멸하셨나이다 하나님께 가까이 함이 내게 복이라 내가 주 여호와를 나의 피난처로 삼아 주의 모든 행적을 전파하리이다(시편 73:27-28)

그러나 이어지는 74편은 예루살렘의 멸망에 대해 말합니다. 73편에서 시인이 위로받기 위해 찾아갔던 성소가 파괴되고 불타 버린 것입니다. 이제 하나님 백성은 어디에서 소망을 찾을 수 있을까요? 시편 3권 전체에 걸쳐 탄식과 소망이 교차하다가 88편에 이르면 절망의 밑바닥까지 떨어지게 됩니다. 88편은 탄식을 넘어 찬양의 방향으로 움직이지 않는 유일한 탄식 시입니다. 그리고 3권의 마지막 시인 89편은 바벨론 포로기에 이스라엘이 짊어진 문제를 생생하게 제기합니다. 하나님의 신실한 언약에도 불구하고 모든 것이 무너져 버린 듯한 지금, 왕은 사라지고 약속의 땅에서 쫓겨났으니 어디로 나아갈 수 있겠는가 하는 질문을 던지면서 시편 3권은 끝이 납니다.

Lesson 2   **어둠 속에서 더 빛나는 약속**

시편 4권(90-106편)은 앞서 3권이 제기한 질문에 답을 합니다. 이는 앞이 보이지 않는 어두운 시기를 통과하며 이스라엘의 믿음이 성숙해진다는 것입니다. 90편은 모세가 쓴 유일한 시로서, 다윗 이전에 이스라엘의 삶이 있었듯이 다윗 이후에도 삶은 이어진다고 하나님 백성에게 상기시킵니다. 하나님이 이스라엘의 피난처가 되신 것은 다윗이 시편 2편을 썼을 때가 아닙니다. 하나님은 영원 전부터 그들의 피난처이셨습니다. 모세는 하나님의 진노가 어떠한지 잘 알았습니다. 여호수아와 갈렙을 제외하고 한 세대 전체가 광야에서 죽는 일을 직접 경험했기 때문입니다. 하지만 그 심판 가운데서도 그는 소망을 버리지 않았고, 이렇게 썼습니다.

여호와여 돌아오소서 언제까지니이까 주의 종들을 불쌍히 여기소서 아침에 주의 인자하심이 우리를 만족하게 하사 우리를 일생 동안 즐겁고 기쁘게 하소서 우리를 괴롭게 하신 날수대로와 우리가 화를 당한 연수대로 우리를 기쁘게 하소서 주께서 행하신 일을 주의 종들에게 나타내시며 주의 영광을 그들의 자손에게 나타내소서 주 우리 하나님의 은총을 우리에게 내리게 하사 우리의 손이 행한 일을 우리에게 견고하게 하소서 우리의 손이 행한 일을 견고하게 하소서(시편 90:13-17)

90편은 시편 전체의 전환점입니다. 90편 이전까지는 탄식시가 주도한다면, 이후부터는 찬양시가 주도합니다. 다윗 가문의 왕이 사라지고 눈에 보이지 않을 때조차 하늘의 왕이신 하나님이 여전히 다스리시고, 그의 백성은 그분께 피할 수 있습니다. 그러므로 시편 4권의 초점은 눈에 보이는 것이 아니라 믿음에 의지해 사는 삶입니다. 약속이 성취될 기미가 안 보여도 그 약속을 바라보는 소망을 가지라는 것입니다. 4권의 핵심인 다윗의 시 세 편(101-103편)은 다윗 왕가의 회복을 바라는 소망이 아직 끝나지 않았다고 상기시킵니다. 그런데 그 회복을 기다리는 동안에는 어떻게 살아야 할까요? 그 대답은 시편 5권에서 들을 수 있습니다.

마침내 다가올 그날

시편 5권

(107-150편)

시편의 마지막을 장식하는 5권(107-150편)은 다윗 왕가의 회복을 기다리는 동안 이스라엘 백성이 어떻게 살아야 하는지에 대한 답을 들려줍니다. 우리는 높이 계신 왕의 통치 아래 순종하면서 장차 임할 약속된 다윗 왕조의 완성을 고대하며 살아야 합니다. 그래서 마지막 권의 시 열다섯 편은 모두 다윗의 시입니다.

시편 5권의 중심은 짝으로 맺어진 118편과 119편인데, 그중 118편은 메시아 시편입니다. 그리고 율법(torah)이란 단어가 105회 넘게 나오는 시편 119편의 중심 메시지는 이렇게 요약할 수 있습니다. "믿음으로, 그의 법을 지키며 주를 경외하며 살라. 순종은 노예처럼 사는 율법주의가 아니라 믿음과 소망과 사랑이 동기가 된 삶이다. 믿음으로, 은혜의 수단을 잘 사용하라. 즉 성전으로 올라가는 시에서 찬양하듯, 예루살렘 성전으로 순례의 길을 나아가라. 주님의 보이지 않는 통치를 하나님의 집에서 백성과 함께 찬양하라. 주변이 어둡게 보일지라도 소망하며 신뢰하라. 이스라엘을 지키시는 분은 졸지도 주무시지도 않느니라(121:4). 궁극적으로, 악인의 규가 의인들의 땅에서는 권세를 누리지 못하리라(125:3)."

132편 또한 눈에 보이는 현재 상황에도 불구하고 다윗의 언약은 절대 폐기되지 않았다고 이야기합니다. 다윗을 위해 뿔이 자랄 것이며 기름 부음 받은 자를 위해 등을 준비하라고 말합니다(132:17). 메시아가 오셔서 흩어진 백성을 연합시키고 영원한 복을 주실 것이니(시편 133편), 그분의 오심을 순종으로 기다리는 동안, 찬양하라고 합니다. 그러면서 찬양의 템포는 134편, 135편, 136편으로 지속되다가, 145-150편에서 진정한 크레센도(crescendo)로 폭발합니다.

그분을 노래하는, 그분의 시

시편과

예수 그리스도

시편에는 예수 그리스도가 담겨 있습니다. 그렇다면 어떤 식으로 그리스도를 포함하고 있을까요? 부활하신 예수님은 "모세의 율법과 선지자의 글과 시편에 나를 가리켜 기록된 모든 것이 이루어져야 하리라"(누가복음 24:44)라고 가르치셨습니다. 마태복음 22장에서는 시편 110편을 인용하여 다윗이 미래의 자기 자손을 향해 "내 주"(시편 110:1)라고 한 것의 뜻이 무엇인지를 바리새인에게 물으시면서 시편이 자신을 어떻게 가리키는지를 드러내셨습니다. 또한 베드로도 그리스도 부활의 필연적 증거로 주의 거룩한 자는 무덤에 버려지지 않는다는 약속을 제시했습니다(시편 16:10; 사도행전 2:29-32). 우리는 모든 구약성경과 마찬가지로 시편의 본질적 메시지가 예수 그리스도이며, 더 구체적으로는 그의 고난과 그 후의 영광임을 기억해야 합니다.

　시편을 통해 그리스도를 발견하는 몇 가지 방식을 살펴보겠습니다. 첫째로, 그리스도는 시편의 시들을 노래하신, 우리를 대표하는 노래자(representative singer)입니다. 시편을 익히 알고 계셨던 주님은 정기적으로 시편의 시들을 노래하셨습니다(마태복음 26:30). 예수님은 친구들에게 버림

우리가 시편에서 우리 경험과 감정을 발견할 때, **그 고통과 어려움이 무엇이든지 간에** 예수님께 가져갈 수 있습니다. 그분은 우리 아픔을 아시며 우리를 능히 도우실 수 있는 분이기 때문입니다.

받는 것, 피로가 쌓이고 병에 걸려 몸이 쇠약해지는 것, 푸른 초장을 걷다
가 사망의 음침한 골짜기를 지나는 것, 악한 자들과 부당한 비난에 휩싸이
는 것이 무엇인지를 잘 알고 계셨습니다. 그래서 우리가 시편에서 거울을
보듯 우리 경험과 감정을 발견할 때, 그 고통과 어려움이 무엇이든지 간에
예수님께 가져갈 수 있습니다. 그분은 우리 아픔을 아시며 우리를 능히 도

시편 24편이 말하는 **완전히 거룩하고 청결하며 의로운 분**은 예수 그리스도밖에 없으며, 그분의 완전한 의로 인해 우리같이 더러운 손과 나뉜 마음을 가진 죄인들도 살아 계신 하나님의 임재 앞에 완전한 모습으로 설 수 있습니다.

우실 수 있는 분이기 때문입니다.

> 그가 시험을 받아 고난을 당하셨은즉 시험 받는 자들을 능히 도우실
> 수 있느니라(히브리서 2:18)

그러나 예수님은 우리 고통을 공유하는 그 이상을 하셨습니다. 우리를 대표하는 예배자로서 하나님을 영화롭게 하고 영원히 즐거워하는 삶이 무엇인지 보여 주셨으며, "여호와는 나의 목자시니 내게 부족함이 없으리로다"(시편 23:1)라고 노래하도록 우리를 인도하십니다.

둘째로, 예수님은 시편을 노래하신 최고의 노래자(supreme singer)입니다. 많은 시편이 예수님과 공유할 수 있는 경험을 노래하지만, 그 경험의 깊이와 정도에서는 우리가 공유할 수 없는 면이 있습니다. 예를 들어 시편 24편은 다음과 같이 말하는데, 과연 우리 중에 누가 이 말씀에 해당할 수 있을까요?

> 여호와의 산에 오를 자가 누구며 그의 거룩한 곳에 설 자가 누구인가
> 곧 손이 깨끗하며 마음이 청결하며 뜻을 허탄한 데에 두지 아니하며
> 거짓 맹세하지 아니하는 자로다(시편 24:3-5).

오직 그리스도만이 여호와의 산에 오를 수 있으며 오직 그분만이 자기 공로로 거룩한 산에 서실 수 있습니다. 우리도 거룩하고 성실한 자로 여겨지기를 바라며, 이런 바람으로 우리는 의로운 삶을 추구합니다. 그러나 무엇보다 중요한 것은 우리 자신의 노력과 공로에서 눈을 돌려 예수님을 바라보는 것입니다. 예수님도 우리같이 의로움을 열망하시지만 그분께는 본

인이 바라시는 의로움이 실제로 존재합니다. 예수님은 우리처럼 바랄 뿐 아니라 우리가 이룰 수 없는 의로움을 완전한 상태로 소유하고 계십니다. 그리고 우리는 은혜로 예수님의 의로움을 받았을 뿐입니다. 시편 24편이 말하는 완전히 거룩하고 청결하며 의로운 분은 예수 그리스도밖에 없으며, 따라서 그분은 시편이 가리키는 최고의 노래자입니다. 그분의 완전한 의로 인해 우리같이 더러운 손과 나뉜 마음을 가진 죄인들도 살아 계신 하나님의 임재 앞에 완전한 모습으로 설 수 있습니다.

셋째로, 예수 그리스도는 다시 오실 노래자(returning singer)입니다. 제왕시로 분류되는 많은 시편(시편 93편; 96-99편 등)은 매년 장막절에 불렸다고 알려져 있는데, 이스라엘은 매년 장막절이 되면 임시 거처인 장막에 거하면서 과거 광야 시절에 하나님이 베푸신 은혜를 기억하고, 동시에 가장 좋은 시절에조차 이 세상이 참된 본향이 아님을 스스로 상기시켰습니다. 시인은 "새 노래로 노래하라"라고 촉구하는데(시편 33:3; 40:3; 96:1; 98:1; 144:9; 149:1 등), 이런 노래들은 왕이신 주님이 다시 오실 그날을 바라보게 합니다. 이 땅에서 나그네인 우리는 언젠가 우리 왕의 이름이 충만히 인정될 본향을 향해 가면서 그 통치가 하늘에서와 같이 이 땅에서도 인정될 그날을 바라보며 살아갑니다. 그날에 그리스도가 자기 백성의 구원을 완성하시고, 모든 성도가 천국의 "새 노래"에 함께 참여할 것입니다.

그들이 새 노래를 불러 이르되 두루마리를 가지시고 그 인봉을 떼기에 합당하시도다 일찍이 죽임을 당하사 각 족속과 방언과 백성과 나라 가운데에서 사람들을 피로 사서 하나님께 드리시고 그들로 우리 하나님 앞에서 나라와 제사장들을 삼으셨으니 그들이 땅에서 왕 노릇 하리로다 하더라…하늘 위에와 땅 위에와 땅 아래와 바다 위에와 또 그 가운데 모든 피조물이 이르되 보좌에 앉으신 이와 어린 양에게 찬송과 존귀와 영광과 권능을 세세토록 돌릴지어다 하니 네 생물이 이르되 아멘 하고 장로들은 엎드려 경배하더라(요한계시록 5:9-14)

앞으로 다가올 날을 바라보게 하는 갈망의 음조는 시편 전체 구조를 통해 표현됩니다. 이렇듯 시편은 다시 오실 주님을 바라보는 올바른 종말론을 보여 주면서, '이미 그러나 아직'(already but not yet) 사이의 긴장 가운데 살아가는 우리에게 하늘의 시온을 바라보라고 격려합니다.

Lesson 5   만물의 회복과 완성을 기다리며

앞서 4장과 5장에서 살펴보았듯이 150편의 시가 하나의 책으로서 시편 (The Psalter)을 이룹니다. 시편은 어느 한순간 하늘에서 떨어진 완성된 노래집이 아니라, 성령의 감동 아래 수 세기에 걸쳐 우리에게 주어진 하나님 말씀입니다. 그리고 모든 성경이 그러하듯이, 시편도 궁극적으로 예수 그리스도를 우리에게 보여 준다는 점을 우리는 반드시 기억해야 합니다.

포로로 귀환한 이스라엘 백성처럼 우리 역시 다윗 혈통의 왕이신 메시아의 직접적인 임재 없이 살아갑니다. 모든 것이 떨어져 나간 듯한 세상에서, 악인은 형통하고 의인은 고통받는 것처럼 보이는 곳에서 우리는 살아가고 있습니다. 이 같은 현실에 우리도 시인들처럼 좌절하고, 한숨 쉬며 탄식하기도 합니다. 시편 전체가 우리에게 가르치는 것은, 찬양이야말로 절망과 무감각과 세속화에 대응하는 가장 좋은 방어책이라는 것입니다. 찬양은 우리의 우선순위를 재정립하고, 우리의 초점을 우리 자신과 우리 문제에서 가장 중요한 분인 하나님께로 옮겨 주기 때문입니다.

우리는 메시아의 다시 오심과 모든 만물의 마지막 완성을 기다리며 예배하는 자들입니다. 하늘 보좌에 우리 시선을 고정하고, 가장 높이 계실 뿐 아니라 우리 죄를 위해 죽임당한 하나님의 어린양 예수 그리스도를 바라봅시다. 그분께 우리의 절망, 불안, 무감각에 대한 답이 있습니다. 눈을 들어 우리 왕이 통치하심을 바라보고, 진리 안에서 순종하며 끝까지 인내케 하는 소망과 용기를 발견하기를 바랍니다.

READING JESUS

리딩지저스
: 그리스도 중심으로 읽는 시편 4

살다 보면 누구나 낙심하고 절망할 때가 있습니다. 하지만 이런 우리를 위해 예수 그리스도가 찾아오셨습니다. 그분은 우리의 모든 질고와 아픔을 한 몸에 짊어지고 십자가 위에서 우리를 대신해 죽으셨습니다. 우리가 겪어야 할 고난과 감당해야 할 죽음의 빚을 그분의 고귀한 생명을 바쳐서 갚아 주셨습니다. 그리고 이제는 신음하는 세상을 완전히 회복하기 위해 모든 만물의 마지막 완성을 기다리고 계십니다.

우리는 그분을 소망하며 기다려야 합니다. 기다리는 동안, 시편을 쓴 시인들처럼 찬양하며 예배해야 합니다. 하늘 보좌에 우리 시선을 고정하고, 가장 높이 계실 뿐 아니라 우리를 위해 죽임당하신 하나님의 어린양 예수 그리스도를 바라보아야 합니다. 그분께 모든 답이 있습니다. 특히 우리의 절망에 대한 답이 그분께 있습니다. 이제 눈을 들어 그 왕이 통치하심을 바라보면서, 순종으로 끝까지 인내하는 소망과 용기를 가집시다.

시편 3권(73-89편)의 시작인 73편에서 시인은 악인이 심판받기는커녕 번창하는 모습 때문에 실족할 뻔했다고 고백합니다. 더욱이 74편에서는 낙심 가운데서 소망이었던 성소가 불타고, 하나님 백성이 버림받은 상황을 들려줍니다. 시편 3권 전체에 걸쳐 탄식과 소망이 교차하다가 마지막 89편에 이르면 바벨론 포로기에 이스라엘이 짊어진 문제를 생생하게 제기합니다. 하나님의 신실한 언약에도 불구하고 모든 것이 무너져 버린 듯한 지금, 이스라엘은 어디로 나아갈 수 있겠는가 하는 질문입니다.

4권(90-106편)이 그 질문에 대한 답을 제시하는데, 이는 앞이 보이지 않는 어두운 시기를 통과하며 이스라엘의 믿음이 성숙해진다는 것입니다. 3권까지는 탄식시가 주도한다면, 4권부터는 찬양시가 주도합니다. 4권의 초점은 눈에 보이는 것이 아니라 믿음에 의지해 사는 삶입니다. 약속이 성취될 기미가 안 보여도 그 약속을 바라보는 소망을 가지라는 것입니다. 그런데 그 회복을 기다리는 동안에는 어떻게 살아야 할까요?

마지막 5권(107-150편)이 그 답을 말해 줍니다. 우리는 높이 계신 왕의 통치 아래 순종하면서 장차 임할 약속된 다윗 왕조의 완성을 고대하며 살아야 합니다. 성전으로 올라가는 시에서 찬양하듯 예루살렘 성전으로 순례의 길을 나아가며, 보이지 않는 주님의 통치를 하나님의 집에서 그 백성과 함께 찬양해야 합니다. 이런 찬양의 템포는 마지막 결론부인 145편부터 150편에 이르러 극한 절정의 대찬양으로 폭발합니다.

시편은 세 가지 면에서 예수 그리스도를 표현합니다. 첫째, 그리스도는 대표적 노래자입니다. 주님은 우리와 함께 시편을 노래하신 분이므로 탄식시에 담긴 탄식과 고통이 무엇인지를 아시며, 찬양시에 담긴 찬양이 어떤 것인지를 아십니다. 둘째로 예수님은 시편을 노래하신 최고의 노래자로, 오직 그분만 노래할 수 있는 시편들이 있습니다. 셋째로 그리스도는 다시 오실 노래자로, 우리에게 마지막 날을 소망하게 하십니다. 특히 매년 장막절에 이스라엘 백성은 광야 시절을 떠올리면서 다시 오실 주님을 기대하며 제왕시를 노래했습니다. 그리스도가 자기 백성의 구속을 완성하실 그날에 모든 성도가 천국의 "새 노래"에 함께 참여할 것을 기대하는 것입니다(요한계시록 5:9-14). 따라서 우리는 이런 시편들을 통해 '이미 그러나 아직' 사이의 긴장 속에서 살아가는 동안 하늘의 시온을 바라보며 소망을 품습니다.

시편의 시인들처럼 우리 역시 모든 것이 떨어져 나간 듯한 세상, 악인은 형통하고 의인은 고통받는 것처럼 보이는 세상에서 신음하며 아파하며 살아갑니다. 하지만 우리에게는 우리를 찾아오신 예수 그리스도가 계십니다. 우리는 그분을 소망하며 기다리되, 기다리는 동안 시편의 시인들처럼 찬양하며 예배해야 합니다.

❶ 시편은 정교한 (   )와 분명한 (   )을 위해 다섯 권으로 묶여 있
    습니다. 따라서 우리는 각각의 시편만이 아니라 시편 전체가 하나님의
    (   ) 가운데서 우리를 위한 메시지를 전한다는 관점으로 읽어야 합니
    다. (시편 4에 들어가며)

❷ 시편 90편은 시편 전체의 전환점입니다. 빈칸을 채워 보세요.

    2절   "산이 생기기 전, 땅과 세계도 주께서 조성하시기 전 곧 (   )부
           터 (   )까지 주는 하나님이시니이다"

    13절   "여호와여 돌아오소서 언제까지니이까 (   )들을 불쌍히
           여기소서"

    17절   "주 우리 하나님의 (   )을 우리에게 내리게 하사 우리의 손이
           행한 일을 우리에게 (   )하게 하소서 우리의 손이 행한 일을
           (   )하게 하소서"

❸ 시편 119편은 하나님의 율법을 아름답게 노래하는 시입니다. 시인이 율법
    을 어떻게 묘사하는지 빈칸을 채워 보세요.

33절 "여호와여 주의 (   )들의 도를 내게 가르치소서 내가 끝까지 지키리이다"

88절 "주의 (   )을 따라 나를 살아나게 하소서 그리하시면 주의 입의 (   )들을 내가 지키리이다"

97절 "내가 주의 (   )을 어찌 그리 사랑하는지요 내가 그것을 종일 작은 소리로 읊조리나이다"

105절 "주의 (   )은 내 발에 (   )이요 내 길에 (   )이니이다"

❹ 시편을 통해 노래자인 예수 그리스도를 발견합니다. (성경수업 Lesson 4)

• (   ) 노래자: 우리의 아픔을 아시며 우리를 능히 도우실 수 있는 분

• (   ) 노래자: 우리가 완전히 공유할 수 없는 것을 경험하신 분

• (   ) 노래자: 모든 성도에게 천국의 (   )에 참여하라고 촉구하시는 분

정답

1. 구조, 목적, 섭리 2. 영원, 영원, 주의 종, 은총, 견고, 견고 3. 율례, 인자하심, 교훈, 법, 말씀, 등, 빛 4. 우리를 대표하는, 최고의, 다시 오실, 새 노래

❶ 주님은 다시 오셔서 모든 만물을 회복하고 완성하실 것입니다. 그분의 통
    치를 기다리며 끝까지 인내하기 위해서는 어떤 삶을 살아야 하나요?

❷ 《리딩지저스》 3권을 통하여 시편을 간단히 정리하며 묵상해 보았습니다.
    가장 인상 깊었던 내용과 은혜로웠던 시편을 정리하고 나누어 봅시다.

❸ 탄식과 신음, 악인을 향한 원망이 담긴 시편도 마지막은 하나님을 향한 굳은 신뢰와 찬양으로 끝납니다. 한 주간, 하나님을 향한 굳은 신뢰를 품고 우리의 모든 삶을 통하여 하나님께 영원한 찬양을 드립시다. 호흡이 있는 자마다 여호와를 찬양하라! 할렐루야!

기도로 함께

소망하며

❶ 성경 말씀에 기초해, 찬양과 감사의 기도를 드립니다.

왕이신 나의 하나님이여 내가 주를 높이고

영원히 주의 이름을 송축하리이다

내가 날마다 주를 송축하며

영원히 주의 이름을 송축하리이다

시편 145:1-2

❷ 일상의 변화를 소망하며, 회개와 결단의 기도를 드립니다.

❸ 서로를 위해, 또 교회를 위해 기도합니다.

하나님을 향한

찬양

시편 117편 1-2절

너희 모든 나라들아 여호와를 찬양하며

너희 모든 백성들아 그를 찬송할지어다

우리에게 향하신 여호와의 인자하심이 크시고

여호와의 진실하심이 영원함이로다

할렐루야

6

잠언

성경읽기 잠언 1-31장
성경수업 지혜의 근본은 하나님을 경외하는 것
성경나눔

Lesson 1   원래 의도와 상황에 맞게
Lesson 2   하나님을 경외하는 것이 핵심
Lesson 3   하나님을 알고 그 가르침대로
Lesson 4   이 땅이 아니라 그 너머의 시선으로
Lesson 5   자기완성이나 죄책감은 빗나간 과녁

잠언에
들어가며

"하룻강아지 범 무서운 줄 모른다." "고생 끝에 낙이 온다." 이처럼 우리 사회의 통념을 쉽고 명쾌하게 담아내는 속담이나 격언을 우리는 자연스레 외우고 있다가 필요할 때마다 실생활에서 사용합니다. 같은 문화권에서 사용되는 속담이나 격언은 대체로 그 의미가 명확합니다. 하지만 다른 문화권에서 사용되는 속담이나 격언은 해석이 까다로운 경우가 많습니다. 성경의 잠언도 마찬가지입니다. 잠언 말씀이 대개는 기억에 잘 남기는 해도 그 의미가 항상 명료하지는 않습니다. 어떻게 하면 잠언 말씀의 의미를 바르게 이해하고 적용할 수 있을까요?

이번 주에는 잠언 전체를 통독하면서, 성경수업을 통해 잠언에서 말하는 참된 지혜는 무엇인지, 잠언의 말씀을 바르게 이해하고 적용할 수 있는 방법이 무엇인지 살펴보겠습니다.

리딩지저스 3권 6강: 잠언

QR코드를 찍으면 '잠언' 리딩지저스 영상으로 바로 연결됩니다. 또는 유튜브에서 '리딩지저스 잠언'를 검색하여 시청할 수 있습니다. '성경읽기'와 '성경수업'을 시작하기 전에 리딩지저스 영상을 시청하면 도움이 됩니다.

QR코드를 찍으면 **리딩지저스 오디오 바이블**로 연결됩니다. 45주 성경통독 일정에 맞추어 제작된 **오디오 바이블**을 통해 매일의 성경통독 분량을 부담 없이 완독할 수 있습니다. 그리스도 중심 성경읽기 《리딩지저스》와 함께하는 성경통독을 통해 하나님과 동행하는 하루하루가 되기를 소망합니다.

이번 주 성경읽기 스케줄

주일	리딩지저스 영상 시청, 성경수업 읽기			
	기본 읽기		핵심 읽기	
월	잠 1-5장	완독	잠 3장	
화	잠 6-10장		잠 9장	
수	잠 11-15장		잠 13장	
목	잠 16-20장		잠 17장	
금	잠 21-25장		잠 25장	
토	잠 26-31장		잠 30장	

1일차 진정한 지혜는 하나님을 경외하는 것

기본 읽기 잠언 1-5장
핵심 읽기 잠언 3장

잠언은 한자로 '바늘 잠'과 '말씀 언'으로, 교훈이 되는 '정곡을 찌르는' 말이라고 풀이할 수 있습니다. 영어로는 'Proverbs', 곧 격언이나 속담이라고 번역됩니다. 그리스도인이 아닌 사람들은 '좋은 말' 내지는 '교훈집'으로 생각하여 잠언을 인용하기도 합니다. 그러나 잠언 또한 하나님이 주신 말씀이며, 우리에게 꼭 필요한 지혜를 담고 있습니다. 따라서 잠언을 읽을 때는 단순히 좋은 말씀이나 교훈 정도로 생각하면 안 됩니다. 잠언은 여호와를 경외하는 것이야말로 지식의 근본(3:5-6)이라고 가르치면서 지혜를 사람처럼 의인화하여 진정한 지혜를 가르쳐 줍니다. 잠언 묵상을 통해 하나님의 지혜를 배우고 묵상해 보기를 바랍니다.

2일차 지혜로운 자는 어떻게 행동해야 할까?

기본 읽기 잠언 6-10장
핵심 읽기 잠언 9장

잠언은 하나님을 경외하는 것을 진정한 지혜라고 가르치면서, 다양한 삶의 지혜 또한 가득 담고 있습니다. 가령 게으른 자를 책망하는 말씀(6장)은 일반인에게도 잘 알려진 내용입니다. 그 외에도 "아들"에게 음녀(음란한 여인)를 조심하라는 가르침이나 가정을 훌륭하게 다스려야 한다는 말씀 등 잠언은 오늘날에도 성도가 삶에서 꼭 기억하고 지켜야 하는 교훈을 알려 줍니다. 그러나 무엇보다도 잠언은 "하나님을 경외하는 것"이야말로 가장 큰 지혜임을 계속 강조합니다. 이제 의인의 삶은 무엇을 조심해야 하는지, 그리고 하나님이 기뻐하시는 지혜는 무엇인지를 즐거운 마음으로 살펴보기를 바랍니다.

3일차 하나님의 백성은 어떻게 살아야 할까?

기본 읽기 잠언 11-15장
핵심 읽기 잠언 13장

지혜로운 사람은 어떻게 행동할까요? 고대와 현대의 기준은 조금 다르지 않을까요? 그러나 잠언을 읽으면 그때와 지금의 기준이 크게 다르지 않음을 다시 한번 확인하게 됩니다. 11장부터 15장까지는 대조법을 사용해 옳은 것과 옳지 않은 것을 비교해서 보여 줍니다. 잠언은 정직과 성실을 강조하며 지혜로운 사람에 대해 말합니다. 지혜로운 사람은 자기 욕망을 따라 살거나 남을 속이는 행동을 하지 않습니다. 거만하지 않으며 거짓을 말하지 않고 함부로 말하지 않으며, 가난한 이들을 하대하지 않습니다. 이렇듯 잠언의 조언들은 오늘날에도 여전히 중요한 덕목입니다. 잠언을 통해 오늘 하루를 살아갈 지혜를 얻기를 바랍니다.

4일차 지혜로운 사람이 추구하는 것

기본 읽기 잠언 16-20장
핵심 읽기 잠언 17장

사람들은 재산을 늘려서 경제적 여유를 누리고 싶어 합니다. 그래서 저마다 다양한 경제활동에 매진합니다. 그러나 100만 원을 가진 사람이 101만 원을 가진 사람을 부러워하듯이 부의 추구에는 끝이 없습니다. 그래서 잠언에는 아무리 부유해도 그것이 가정의 화목이나 성실보다는 못하다는 이야기가 자주 나옵니다. 하나님은 잠언을 통해 우리에게 정직과 성실을 중요하게 여기고 하나님을 경외하라고 끊임없이 말씀하십니다. 세상의 부와 명예, 쾌락은 순간이지만 하나님의 지혜는 영원합니다. 잠언 말씀처럼 성실하고 겸손한 마음으로 선을 베풀고 하나님을 경외하는 것만큼 좋은 것은 없겠지요.

5일차 이웃을 보듬고 정의를 행하라

기본 읽기 잠언 21-25장
핵심 읽기 잠언 25장

잠언이 세상 여러 책에서 하는 이야기를 앵무새처럼 반복하는 데서 머문다면 구태여 잠언을 읽을 필요가 없을 것입니다. 잠언이 말하는 지혜와 의인의 기준은 하나님을 경외하는지입니다. 21장부터 25장까지는 하나님이 원하시는 것이 무엇이고 또한 그분이 원하시는 지혜의 방향이 무엇인지에 대해 명확하게 가르쳐 줍니다. 공의와 정의를 행하는 것을 기뻐하시며(21:3) 약한 자의 억울함을 신원하시는 하나님(22:23)의 모습은 오늘날 우리에게 많은 것을 시사합니다. 이웃에게 부드러운 말 한마디 건네는 것부터 실천해 보면 어떨까요?

6일차 언약 백성의 삶

기본 읽기 잠언 26-31장
핵심 읽기 잠언 30장

잠언의 마지막 여섯 장은 앞선 잠언들과 마찬가지로 금과옥조 같은 귀한 조언들로 넘쳐납니다. 여기서도 지혜자는 대조법을 사용해 우리가 기억해야 할 조언을 건넵니다. 특히 30장과 31장은 우리에게 잘 알려진 본문입니다. 30장에 있는 아굴의 기도는 우리에게 큰 울림을 주기에 충분하며, 31장에 기록된 "현숙한 여인"의 비유는 굳이 아내를 위한 기도가 아니더라도 그리스도인이 어떤 모습으로 살아야 하는지에 대해 깊은 통찰을 줍니다. 잠언은 하나님을 머리로만 아는 데 그치지 말고 하나님이 기뻐하시는 모습으로 살아가라고 조언하는 귀한 지침서입니다. 잠언 묵상이 앞으로도 계속 우리의 지혜를 더 깊게 해 주기를 바랍니다.

2부

성/경/수/업

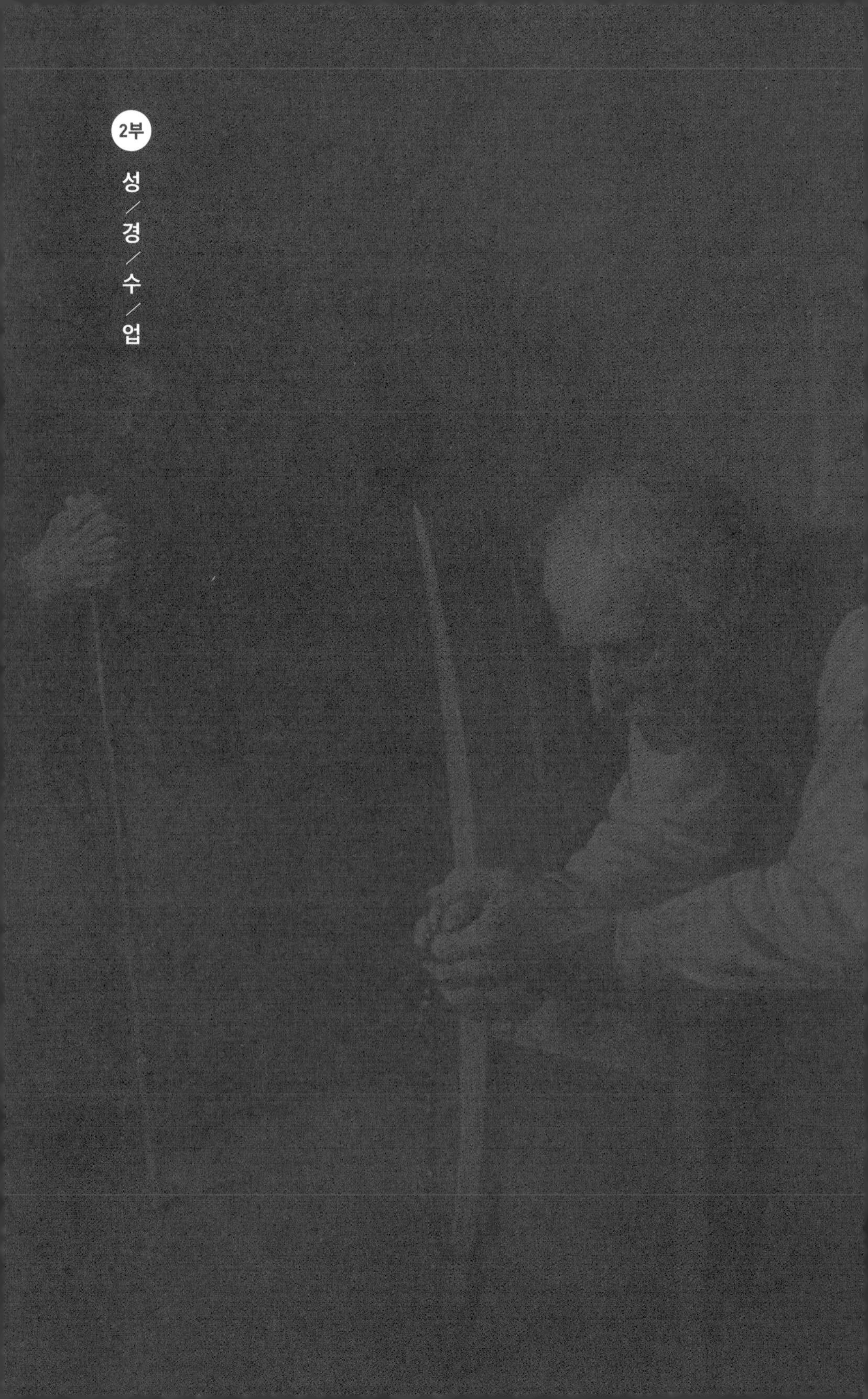

지혜의 근본은
하나님을
경외하는 것

여호와를 경외하는 것이
지식의 근본이거늘
미련한 자는 지혜와 훈계를 멸시하느니라
잠언 1장 7절

원래 의도와 상황에 맞게

잠언을 바르게 이해하려면 반드시 해석 단계가 필요합니다. 먼저 잠언의 원래 독자들이 그 잠언을 어떻게 이해했는지, 그 잠언이 어떤 행동을 장려하고 금지하는지 등을 고려해야 합니다. 그리고 더 중요한 것은 그 잠언이 어떤 상황에 맞는지를 묻는 것입니다. 잠언 26장을 예로 들어 봅시다. 4절과 5절에는 모순되는 두 잠언이 나란히 나옵니다.

● **잠언 26장 4절**

미련한 자의 <u>어리석은 것을 따라 대답하지 말라</u> 두렵건대 너도 그와 같을까 하노라

● **잠언 26장 5절**

미련한 자에게는 <u>그의 어리석음을 따라 대답하라</u> 두렵건대 그가 스스로 지혜롭게 여길까 하노라

어떤 잠언이 맞는 말씀일까요? 어리석음을 따라 대답해야 할까요, 아니면 대답하지 말아야 할까요? 정답은 '상황에 따라 다르다'입니다. 4절은 '어리석은 자들과 논의하면 결국 무익한 논쟁만 될 테니 그런 자들은 멀리하라'라는 뜻입니다. 5절은 '어떤 상황에서 미련한 자에게 답을 주지 않으면 그가 스스로 옳다고 여길 것이니 답을 주라'라는 뜻입니다. 두 잠언 모두 어떤 상황인지에 따라 맞는 말씀이기 때문에 어떤 잠언이 어떤 상황에 적용되는지를 아는 것이 참 지혜입니다. 상황에 맞지 않는 잠언을 잘못 적용하면 완전히 잘못된 방향으로 갈 수 있습니다. 그래서 9절은 "미련한 자의 입의 잠언은 술 취한 자가 손에 든 가시나무 같으니라"라고 경고합니다. 잠언을 상황에 맞지 않게 적용하면, 유익한 지침이 아니라 술 취한 자가 휘두르는 위험한 무기처럼 잘못 사용될 수 있다는 뜻입니다.

잠언 해석의 마지막 단계는 잠언의 가르침을 실제 행동으로 옮기는 것입니다. 잠언 말씀은 십자수처럼 벽에 걸어 놓으려고 쓰인 것이 아닙니다. 실생활에서 사용하고 자녀들을 가르치도록 고안된 것입니다. 그러므로 우리는 잠언을 읽고 이해할 뿐만 아니라, 삶의 지침으로 삼아 실천해야 합니다.

하나님을 경외하는 것이 핵심

잠언이 말하는

지혜

잠언 1장 1-7절은 잠언의 서론이며 핵심이라고 할 수 있는 중요한 부분입니다. 1절은 잠언 전체의 제목이며, 2절부터 6절은 잠언의 목적을 알려 주고, 7절은 잠언의 핵심 주제를 제시합니다.

● **잠언의 서론: 잠언 1장 1-7절**

전체 제목

1 다윗의 아들 이스라엘 왕 솔로몬의 잠언이라

2 이는 지혜와 훈계를 알게 하며 명철의 말씀을 깨닫게 하며

3 지혜롭게, 공의롭게, 정의롭게, 정직하게 행할 일에 대하여 훈계를 받게 하며

잠언의 목적

4 어리석은 자를 슬기롭게 하며 젊은 자에게 지식과 근신함을 주기 위한 것이니

5 지혜 있는 자는 듣고 학식이 더할 것이요 명철한 자는 지략을 얻을 것
   이라
6 잠언과 비유와 지혜 있는 자의 말과 그 오묘한 말을 깨달으리라

핵심 주제

7 여호와를 경외하는 것이 지식의 근본이거늘 미련한 자는 지혜와 훈계를
   멸시하느니라

  1절은 잠언의 저자를 "다윗의 아들 이스라엘 왕 솔로몬"이라고 소개합
니다. 비록 솔로몬이 모든 잠언을 쓰지는 않았지만, 다윗이 시편의 전통적
정상에 서 있듯이 솔로몬은 지혜의 전통적 정상에 서 있으므로 "솔로몬의
잠언"은 적절한 제목이라고 할 수 있습니다. "다윗의 아들 이스라엘 왕"이
라는 말은 잠언 말씀이 이스라엘 역사와 하나님과의 언약적 관계를 근간
으로 함을 알려 줍니다. 잠언은 하나님 백성을 위한 지혜인 것입니다.

  2절의 "지혜"는 좁은 의미에서는 '기술'이나 '능력'을 뜻합니다. 생존을
위해 개미가 여름에 먹을 것을 준비하는 것(잠언 30:24-25)이나 숙련된 재봉
사가 옷을 만드는 기술(출애굽기 28:3) 등으로 표현됩니다. 하지만 잠언은 하
나님과의 관계, 이웃과의 관계, 자녀와의 관계, 세상과의 관계 등을 가르칩
니다. 잠언 말씀에 따르면 이러한 관계 기술은 그냥 얻어지지 않고 익히고
배워서 얻는 기술입니다. 또한 "지혜"는 보다 넓은 의미에서 우주 전체의
질서를 가리킵니다. 우주적 질서는 자연법칙이라고 불리는 물리적 질서만
이 아니라, 사회적 질서와 도덕적 질서 등을 포함합니다. 잠언에서 말하는
지혜로운 사람은 하나님이 지으신 이 세계에서 교훈을 얻고 하나님의 질
서와 조화를 이루며 살아가려고 합니다.

2절의 "훈계"는 질서 잡힌 교육이나 가르침을 의미합니다. 주의 깊게 들어야 할 무언가를 뜻하며, '율법'(토라)과 평행을 이룹니다. 어리석음은 순전히 자연적으로 발생하나 지혜는 그렇지 않습니다. 지혜는 토라, 즉 언약 공동체의 가르침에 귀를 기울이는 데서 옵니다. 말씀에 기초해 배움으로써 지혜를 얻는다는 것은 2절 후반부, "명철의 말씀을 깨닫게 하며"에서 명확히 드러납니다. 3-5절은 2절 전반부 말씀을 설명하고, 6절은 2절 후반부 말씀을 확장합니다.

잠언 전체의 핵심은 1장 7절에 간단명료하게 요약되어 있습니다. "여호와를 경외하는 것이 지식의 근본이거늘 미련한 자는 지혜와 훈계를 멸시하느니라." 이 내용은 잠언의 마지막 부분에서 "오직 여호와를 경외하는 여자는 칭찬을 받을 것이라"(잠언 31:30)라고 다시 한번 언급됩니다. 이처럼 잠언은 시작과 똑같은 말로 끝냄으로써, 여호와를 경외하는 것이 단지 지혜의 시작일 뿐 아니라 지혜의 마지막이기도 하다는 점을 강조합니다. 그렇다면 "여호와를 경외하는 것"이란 무엇일까요?

Lesson 3   하나님을 알고 그 가르침대로

여호와 경외하기를 깨달으며 하나님을 알게 되리니(잠언 2:5)

여호와를 경외하는 것은 하나님을 아는 것입니다. 곧 하나님이 누구시며 인간에게 무엇을 요구하시는지를 바르게 이해하는 것입니다. 이는 추상적이거나 따분한 지식이 아니라, 사랑과 경외, 신뢰 같은 정서적 반응을 포함합니다. 하나님을 알기 때문에 그분께 진정으로 순종하고 경배하게 되는 것입니다.

또한 여호와를 경외하는 것은 여호와를 '두려워하는 것'입니다. 이는 부정적 감정이나 노예가 품을 법한 두려움이 아닙니다. 신명기를 보면, 하나님을 두려워하는 것은 사실상 하나님을 사랑하는 것과 같습니다. 이는 하나님의 언약에 기초한 삶을 살겠다는 결단이며, 하나님 말씀을 삶의 지침으로 삼는 것입니다.

여호와를 경외하는 것이 지식의 근본이거늘 미련한 자는 지혜와 훈계를 멸시하느니라(잠언 1:7)

잠언의 어떤 말씀이 하나님과의 관계를 명시적으로 다루지 않는 듯 보여도 **이스라엘과 언약을 맺으신 하나님, 그 주님에 대한 두려움**이라는 틀에서 이해해야 합니다.

이 말씀은 잠언으로 들어가는 관문이자 잠언의 모든 구절을 보는 렌즈입니다. 그러므로 잠언의 어떤 말씀이 하나님과의 관계를 명시적으로 다루지 않는 듯 보여도 이스라엘과 언약을 맺으신 하나님, 그 주님에 대한 두려움이라는 틀에서 이해해야 합니다. 성경의 지혜와 훈계에 귀를 기울여야 하는 이유는 하나님이 그 지혜와 훈계를 주셨기 때문이며, 왕의 자녀들이 취해야 할 지혜로운 행동이기 때문입니다.

이 땅이 아니라 그 너머의 시선으로

잠언의

세계관

우리가 잠언을 읽을 때 또 기억해야 할 점은 잠언이 절대적 사실을 약속하는 말씀이 아니라는 것입니다. 예를 들어 "마땅히 행할 길을 아이에게 가르치라 그리하면 늙어도 그것을 떠나지 아니하리라"(잠언 22:6)라는 말씀은 우리가 좋은 부모이면 자녀들이 자동적으로 잘 자랄 것이라는 약속이 아닙니다. 다만 이 잠언은 자녀들이 바른길에서 출발하는 것이 바른길에 도착하는 보편적인 방법이므로, 부모는 이 점을 철저히 인식해 자녀교육을 처음부터 올바로 시작하라는 격려의 말씀입니다. 그러므로 모든 부모는 책임감 있게 자녀를 주님의 길로 인도하는 의무를 다하라는 권고입니다.

다른 예로 "의인의 집에는 많은 보물이 있어도 악인의 소득은 고통이 되느니라"(잠언 15:6)라는 말씀은 경건함이 번영과 성공을 부르는 가장 확실한 방법이라고 가르치는 듯합니다. 그러나 타락한 세상에서는 지혜롭게 행동한다고 그 자체가 성공을 보증하지는 않습니다.

그렇다면 우리는 이런 잠언 말씀들을 어떻게 이해해야 할까요? 그 답은, 보이는 것 뒤에 더 깊은 실체가 있다는 것입니다. 우리가 이 생애에서 보는 것과 나중에 얻을 것이 언제나 일치하지는 않는다는 점입니다. 이것이 바로 종말론적 질서인데, 지금은 비록 성경 말씀이 우리 경험과 맞지 않는다고 해도 영원의 관점에서는 참됩니다. 지혜는 보이지 않는 것을 보라고, 그 믿음을 요청하는 부르심입니다. 지혜는 이 생애에서 누리는 기쁨을 극대화하기 위한 도구나 이 생애에서 맛보는 보상이나 형벌을 넘어섭니다. 공의가 온전히 성취될 날을 소망하며 영원의 관점에서 이 세상 경험을 바라보는 것입니다.

Lesson 5   자기완성이나 죄책감은 빗나간 과녁

도덕주의 접근과
그리스도 중심 접근

많은 사람이 잠언을 읽으면서 도덕주의로 접근하곤 합니다. 잠언 말씀을 실천해서 자신의 선행이 하나님을 기쁘시게 하기에 충분하다고 생각하거나, 복음은 그저 바탕에 깔려 있다고 가정할 뿐 삶의 초점을 전적으로 율법에 맞추어 율법을 삶의 안내자로 보는 것입니다. 예를 들어 잠언 10장 4절을 보겠습니다.

> 손을 게으르게 놀리는 자는 가난하게 되고 손이 부지런한 자는 부하게 되느니라(잠언 10:4)

이 구절을 도덕주의적 관점으로 접근하면 스스로 부지런하다는 자부심을 느끼든지, 아니면 반대로 그렇게 하지 못했다는 죄책감만 느끼게 됩니다. 이 잠언 말씀을 그리스도 중심으로 읽는다면 어떨까요? 그리스도 중심의 접근은 성경 말씀에 순종해야 하는 요구를 공정히 다루면서도 죄책을 넘어서 은혜와 감사의 구조 안에서 다룹니다. 이런 관점으로 잠언 10장 4절을 다시 읽어 봅시다.

우리 중 많은 사람이 게으른 것은 사실입니다. 자기중심적이고 자기방어적인 게으름으로 표출되는 우리의 불신앙에 대해서는 당연히 죄책감을 느껴야 합니다. 반대로, 우리가 이 잠언 말씀 그대로 부지런하게 순종하며 섬겼다 해도 그 행위가 여호와를 경외하고 이웃을 사랑하는 데서 비롯한 것인지, 아니면 내면에 뿌리내린 완벽주의적 분주함이라는 우상 때문인지는 스스로 물어보아야 합니다. 우리가 부지런히 순종한다고 해도 그런 식의 순종이라면 율법을 어기는 것과 다를 바 없는 죄책감을 느껴야 하기 때문입니다.

중요한 것은 죄책감을 느낀 그다음 단계입니다. 죄책은 우리를 마비시키고 우리 중심의 노력이 문제임을 깨닫게 하면서, 더 나아가 우리를 복음 안에서 주의 은혜 가운데로 인도하는 역할을 해야 합니다. 율법에만 집중할 때 우리는 언제라도 위험에 빠질 수 있고, 기독교적 순종과 그리스도인의 정체성을 혼동하게 될 수도 있습니다. 그러므로 우리는 복음이 여전히 참되다는 사실로 끊임없이 돌아와야 합니다. 우리가 지혜로운 삶을 가르치는 복음대로 살아 내지 못할 때도 그래야 합니다.

따라서 잠언 10장 4절은 결국 우리에게 그리스도가 절실히 필요함을 보여 줍니다. 그리스도가 이 잠언 말씀대로 사셔서 우리의 모범이 되셨고, 죄악된 요소를 피하셨을 뿐 아니라 우리와 같은 자리에서 순종하셨기 때문입니다. 잠언의 목적은 우리를 지혜롭게 살도록 이끄는 것만이 아니라, 궁극적으로는 하나님의 지혜이시며 우리 위치에서 지혜의 삶을 완벽하게 살아 내신 예수 그리스도를 바라보게 하는 것입니다.

READING JESUS

하나님은 그리스도의 복음을 통해 그의 지혜를 드러내십니다. 하나님의 지혜는 약점과 고통을 통해 승리하는 것이며, 특히 십자가의 어리석음을 통해 승리하는 것입니다. 스스로 구원할 수 있다고 믿으며 자신을 지혜자로 여기는 사람에게 십자가는 어리석은 것입니다. 십자가는 자신이 전적으로 무능력하다는 사실을 고백하게 만들고, 십자가에 못 박힌 분을 경배하라고 요구하기 때문입니다. 십자가는 하나님의 지혜입니다. 십자가는 미련한 자들을 구원하셔서 지혜로운 사람들로 변화시키기 때문입니다.

예수님은 복음 안에서 우리에게 하나님의 지혜가 되십니다. 그분이 구약성경의 율법을 규정하시며 지혜의 마침이십니다. 예수님은 지혜로운 것이 무엇이며, 여호와를 경외하는 것이 무엇인지 모범을 보여 주려고 오신 것이 아닙니다. 그분은 이 세상에서 바로 그 지혜가 되려고 오셨습니다. 하나님을 흠 없이 경외한 그리스도, 그 지혜로 말미암아 계속 어리석음을 반복하던 사람들이 자신의 무지를 깨닫고, 그 사랑의 경이로움에 감격해 하나님을 찬양하는 데까지 이릅니다.

3부

성/경/나/눔

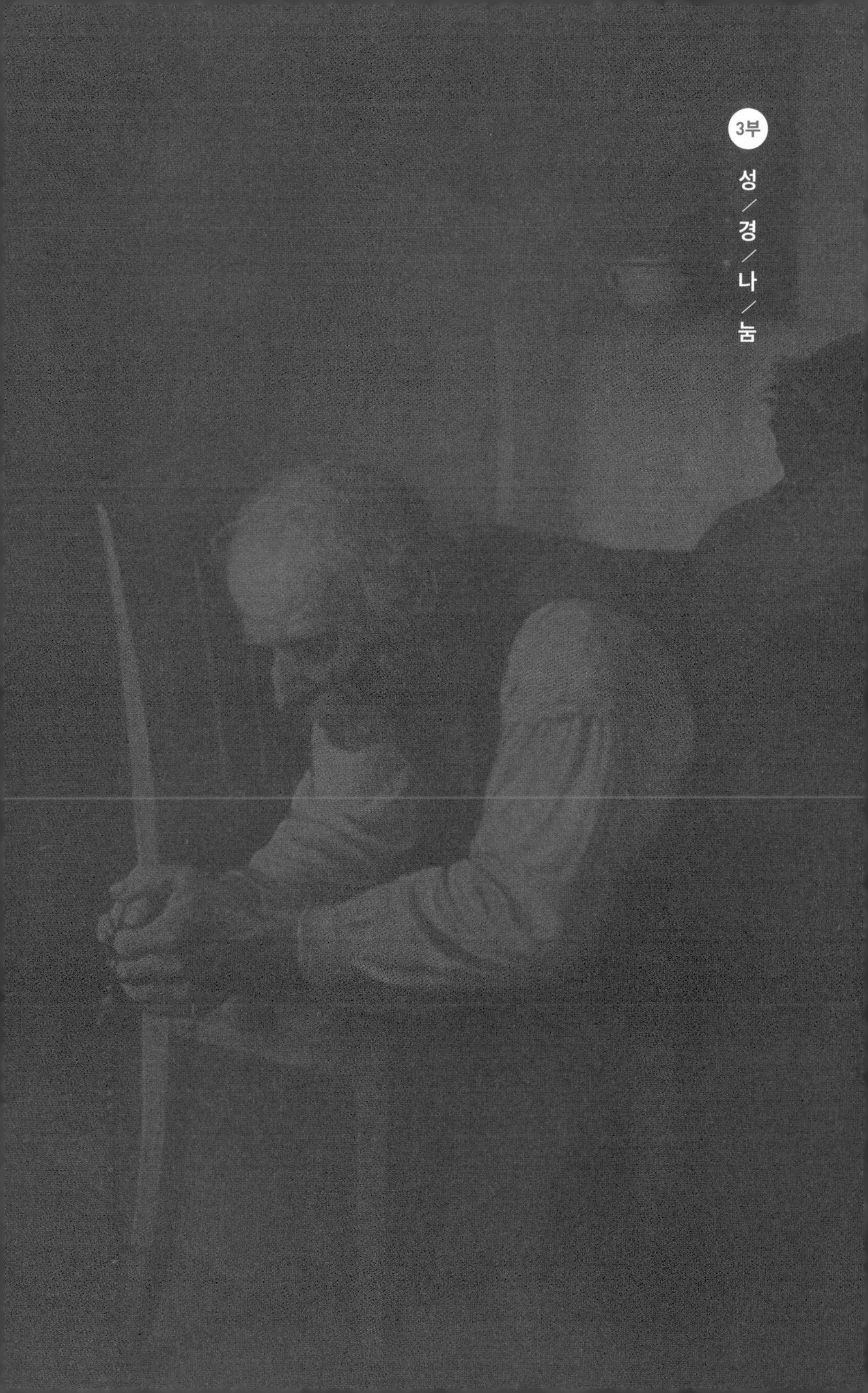

잠언

한눈에 보기

어떻게 해야 잠언을 바르게 이해하고 적용할 수 있을까요? 잠언 해석에서 가장 중요한 것은 각각의 잠언이 어떤 상황에 맞는지를 생각하는 것입니다. 예를 들어, 잠언 26장 4절은 "미련한 자의 어리석은 것을 따라 대답하지 말라"라고 하며, 5절은 "미련한 자에게는 그의 어리석음을 따라 대답하라"라고 합니다. 어떤 잠언이 맞는 말씀일까요? 어리석은 자들과의 논의는 무익하다고 말하는 4절과 미련한 자가 스스로 옳다 여길 수 있으니 답을 주라는 5절은, 어떤 상황인지에 따라 모두 맞는 말씀입니다. 따라서 어떤 잠언이 어떤 상황에 적용되는지를 아는 것이 참 지혜입니다.

잠언의 서론이자 핵심은 1장 1-7절입니다. 1절은 잠언의 화자를 "다윗의 아들 이스라엘 왕 솔로몬"이라 소개하며 잠언이 이스라엘 역사와 하나님과의 언약 관계를 근간으로 함을 알려 줍니다. 그리고 7절 "여호와를 경외하는 것이 지식의 근본이거늘"이라는 말씀은 잠언의 모든 구절을 들여다보는 렌즈의 역할을 합니다. 겉으로는 하나님과의 관계를 명시적으로 다루지 않는 듯 보이는 말씀이라고 해도 잠언의 모든 말씀은 이스라엘과 언약을 맺으신 하나님, 그 주님에 대한 경외라는 틀에서 이해해야 합니다. 곧 하나님을 사랑하여 하나님 말씀을 지침으로 삼아 언약에 기초한 삶을 살겠다고 결단하는 것입니다.

잠언은 절대적 약속이나 사실을 진술한 책이 아닙니다. 예를 들어 "의인의 집에는 많은 보물이 있어도 악인의 소득은 고통이 되느니라"(잠언 15:6)라는 말씀은 경건함이 번영과 성공을 부른다는 약속의 말씀이 아닙니다. 타락한 세상에서는 지혜로운 행동이 성공에 대한 아무런 보증도 되지 못하죠. 그렇다면 이러한 잠언 말씀은 왜 존재하는 것일까요? 비록 이 말씀이 우리의 현재 경험과는 맞지 않는다고 해도 영원의 관점에서는 참됩니다. 따라서 잠언에서 말하는 참된 지혜란 하나님의 공의가 온전히 성취될 날을 소망하며 영원의 관점에서 이 세상 경험들을 바라보라는, 그 믿음을 요청하는 부르심입니다.

잠언을 적용하는 방법에는 도덕주의 접근과 그리스도 중심 접근이 있습니다. 잠언을 도덕주의 접근으로 적용하면, 복음을 무시한 채 율법을 삶의 안내자로 삼기 쉽습니다. 이런 식의 접근은 스스로 율법을 잘 지킨다는 자부심만 느끼게 하든지, 반대로 그렇지 못했다는 죄책감만 들게 합니다. 올바른 접근은 그리스도 중심으로 잠언을 읽으며 그 말씀을 죄책과 은혜와 감사의 구조 안에서 다루는 것입니다. 말씀에 제대로 순종하지 못해서 죄책감을 느끼더라도, 오히려 그 죄책감이 우리를 그리스도께로 인도해 복음 안에서 주님이 주신 은혜 가운데서 살게 하기 때문입니다. 잠언의 목적은 우리를 지혜롭게 살도록 이끄는 것일 뿐 아니라, 궁극적으로 하나님의 지혜이시며 우리와 같은 자리에서 지혜의 삶을 완벽하게 살아 내신 예수 그리스도를 바라보게 하는 것입니다.

❶ 잠언의 원래 독자들이 그 잠언을 어떻게 이해했는지, 그 잠언이 어떤 행동을 (   )하고 (   )하는지 등을 고려해야 합니다. 그리고 더 중요한 것은 그 잠언이 어떤 (   )에 맞는지를 묻는 것입니다. 잠언을 (   )에 맞지 않게 적용하면, 유익한 지침이 아니라 술 취한 자가 휘두르는 위험한 무기처럼 잘못 사용될 수 있습니다. (성경수업 Lesson 1)

❷ 잠언의 서론이며 핵심인 잠언 1장 1-7절 내용은 잠언의 마지막 부분인 잠언 31장 30절에서 다시 한번 언급됩니다. 곧 시작과 똑같은 말로 끝냄으로써, 여호와를 (   )하는 것이 단지 지혜의 (   )일 뿐 아니라 지혜의 (   )이기도 하다는 점을 강조합니다.

"여호와를 (   )하는 것이 지혜의 (   )이거늘 미련한 자는 지혜와 훈계를 (   )하느니라"(잠언 1:7)
"고운 것도 거짓되고 아름다운 것도 헛되나 오직 여호와를 (   )하는 여자는 칭찬을 받을 것이라"(잠언 31:30) (성경수업 Lesson 2)

❸ 잠언은 (   )을 약속하는 말씀이 아닙니다. 우리가 이 생애에서 보는 것과 우리가 나중에 얻을 것이 언제나 (   )하지는 않습니다. 이것이 바로 (   ) 질서인데, 지금은 비록 성경 말씀이 우리 경험과 맞지 않는다고 해도 (   )의 관점에서는 참됩니다. (성경수업 Lesson 4)

❹ 그리스도 중심의 접근은 성경 말씀에 순종해야 하는 요구를 공정히 다루면서도 죄책을 넘어서 (　　　)와 (　　　)의 구조 안에서 다룹니다. 잠언의 목적은 우리를 지혜롭게 살도록 이끄는 것만이 아니라, 궁극적으로는 하나님의 지혜이시며 우리의 위치에서 지혜의 삶을 완벽하게 살아 내신 (　　　　　　　)를 바라보게 하는 것입니다. 성경수업 Lesson 5

❺ 잠언 30장은 야게의 아들 아굴의 잠언입니다. 빈칸을 채워 보세요.

"내가 두 가지 일을 주께 구하였사오니 내가 죽기 전에 내게 거절하지 마시옵소서 곧 (　　　　)과 (　　　　　)을 내게서 멀리 하옵시며 나를 (　　　)하게도 마옵시고 (　　　)하게도 마옵시고 오직 필요한 (　　　)으로 나를 먹이시옵소서 혹 내가 (　　　　　) 하나님을 모른다 여호와가 누구냐 할까 하오며 혹 내가 (　　　　　) 도둑질하고 내 하나님의 이름을 욕되게 할까 (　　　　)함이니이다"(잠언 30:7-9)

정답

1. 장려, 금지, 상황, 상황 2. 경외, 시작, 마지막, 경외, 근본, 멸시, 경외 3. 절대적 사실, 일치, 종말론적, 영원 4. 은혜, 감사, 예수 그리스도 5. 헛된 것, 거짓말, 가난, 부, 양식, 배불러서, 가난하여, 두려워

❶ 평소에 잠언을 어떤 방식으로 읽고 이해해 왔나요? 그리스도 중심으로 잠 언을 묵상하면서 이전과 어떻게 다르게 잠언이 읽히는지 나누어 봅시다.

❷ 《리딩지저스》를 통하여 새로이 깨닫게 된 내용을 바탕으로 "여호와를 경 외하는 것이 지식의 근본"(잠 1:7)이라는 말씀을 다시 읽어 봅시다. 이 말 씀이 나에게 어떻게 다가오나요?

❸ 잠언은 우리에게 일반적인 지혜도 주지만, 더 근본적인 지혜이신 예수 그리스도를 바라보게 합니다. 예수 그리스도는 우리가 알고 있는 어떤 지식보다 탁월한 분입니다. 예수님이 나의 유일한 진리와 지혜가 되심을 고백하는 한 주간이 되기 위해서 내가 실천할 수 있는 것들을 나누어 봅시다.

기도로 함께
소망하며

❶ 성경 말씀에 기초해, 찬양과 감사의 기도를 드립니다.

> 너는 마음을 다하여 여호와를 신뢰하고 네 명철을 의지하지 말라
> 너는 범사에 그를 인정하라 그리하면 네 길을 지도하시리라
> 잠언 3:5-6

❷ 일상의 변화를 소망하며, 회개와 결단의 기도를 드립니다.

❸ 서로를 위해, 또 교회를 위해 기도합니다.

시편 19편 7-10절

여호와의 율법은 완전하여 영혼을 소성시키며

여호와의 증거는 확실하여 우둔한 자를 지혜롭게 하며

여호와의 교훈은 정직하여 마음을 기쁘게 하고

여호와의 계명은 순결하여 눈을 밝게 하시도다

여호와를 경외하는 도는 정결하여 영원까지 이르고

여호와의 법도 진실하여 다 의로우니

금 곧 많은 순금보다 더 사모할 것이며

꿀과 송이꿀보다 더 달도다

7

전도서, 아가

성경읽기 전도서 1-12장, 아가 1-8장

성경수업 헛된 삶을 사랑의 인생으로

성경나눔

Lesson 1   모든 것이 부질없으나

Lesson 2   우리가 결국 찾아야 할 것은

Lesson 3   우리의 사랑은 어떤 사랑인가요

Lesson 4   참된 사랑만이 안식을 준다

Lesson 5   기다려야 할 분을 기다리며

전도서, 아가에
들어가며

"지혜자의 죽음이 우매자의 죽음과 일반이로다"(전도서 2:16)라고 말하는 전도서는, 얼핏 보면 지난 장에서 묵상했던 잠언과는 정반대되는 메시지를 전하는 듯합니다. 지혜를 가장 좋은 보화로 가르치는 잠언의 메시지와 충돌하는 것처럼 보이기 때문이죠. 전도자에게 "아래서의 삶", 즉 이 땅에서의 삶은 우매한 자의 지혜 가운데 사는 것이며, 궁극적으로 바람을 잡은 것에 불과하며, "헛되고 헛되며 헛되고 헛되니 모든 것이 헛되도다"라는 부르짖음일 뿐입니다. 전도자는 타락한 세상의 혼란한 삶 속에서 불신앙의 회의론에 깊이 빠져 있는 사람처럼 보입니다. 그렇다면 우리는 그리스도인으로서 이러한 회의론에 어떻게 반응해야 할까요?

이번 주에는 전도서와 아가를 통독하면서, 성경수업을 통해 전도서와 아가를 해석하는 균형 잡힌 관점에 대해 알아보고, 이 두 권의 핵심 메시지가 궁극적으로 우리에게 어떻게 예수 그리스도를 가리키는지 살펴보겠습니다.

리딩지저스 3권 7강: 전도서, 아가

QR코드를 찍으면 '전도서, 아가' 리딩지저스 영상으로 바로
연결됩니다. 또는 유튜브에서 '리딩지저스 전도서, 아가'를
검색하여 시청할 수 있습니다. '성경읽기'와 '성경수업'을 시
작하기 전에 리딩지저스 영상을 시청하면 도움이 됩니다.

QR코드를 찍으면 **리딩지저스 오디오 바이블**로 연결됩니다. 45주 성경통독 일정에 맞추어 제작된 **오디오 바이블**을 통해 매일의 성경통독 분량을 부담 없이 완독할 수 있습니다. 그리스도 중심 성경읽기 《리딩지저스》와 함께하는 성경통독을 통해 하나님과 동행하는 하루하루가 되기를 소망합니다.

📖 이번 주 성경읽기 스케줄

주일	리딩지저스 영상 시청, 성경수업 읽기			
	기본 읽기		핵심 읽기	
월	전 1-3장	완독	전 3장	
화	전 4-6장		전 5장	
수	전 7-9장		전 9장	
목	전 10-12장		전 12장	
금	아 1-4장		아 3장	
토	아 5-8장		아 8장	

1일차 헛되다!

기본 읽기 전도서 1-3장
핵심 읽기 전도서 3장

전도서를 읽어 보면 잠언과는 완전히 다른 내용을 말하는 것처럼 느껴집니다. 1장부터 "헛되다"라는 말을 다섯 차례나 반복하니 전도자가 허무주의에 빠진 것은 아닌가 하는 의심마저 듭니다. 그러나 전도자는 이 세상에서 자신이 누렸던 모든 것이 하나같이 허무할 따름이며, 만사가 하나님의 손안에 있다고 말합니다. 특히 만물에는 하나님이 정하신 때가 있다고 아름답게 노래하는 3장의 내용은 미국 대중 가수가 노래로 만들어 불렀을 정도로 잘 알려져 있습니다. 그러면 전도자가 세상의 허무함만을 이야기할까요?

2일차 해 아래에서 살펴보니…

기본 읽기 전도서 4-6장
핵심 읽기 전도서 5장

전도자는 계속해서 자신이 본 것들을 이야기합니다. 학대받는 사람과 가족 없는 사람의 슬픔을 보았고, 재물과 부를 모았음에도 누리지 못하는 사람도 보았습니다. 재물을 지나치게 많이 모아서 오히려 해를 입는 사람도 보았습니다. 이 같은 다양한 모습은 전도자를 더욱 허무하게 하여 바람을 잡는 것 같은 마음을 느끼게 합니다. 그러나 전도자는 하나님을 섬기고 경외하라고 말합니다. 세상에 유행하는 허무주의와 전도자의 허무함은 근본적으로 다릅니다. 하나님이 없는 인생은 무엇을 하더라도 헛되므로 전도자는 하나님을 경외하라고 권유합니다. 그것이야말로 가장 중요한 것이기 때문입니다.

3일차 삶을 누려라

기본 읽기 전도서 7-9장
핵심 읽기 전도서 9장

세상을 바라보며 허무함을 이야기하던 전도자가 본격적으로 조언을 건네기 시작합니다. 슬픔을 함께하고, 탐욕을 멀리하고, 악인들과 함께하지 말고, 의인의 행동을 본받으라고 조언합니다. 또한 지혜를 따르고 돈이나 권력, 쾌락 등을 따르지 말라고 권합니다. 악인이 잘나가는 듯 보여도 그들에게는 항상 심판이 따르며, 사람의 장래 일은 장담할 수 없다는 것이 전도자의 가르침입니다. 또한 전도자는 "모든 사람에게 임하는 것"에 대해 이야기합니다. 누구나 살다가 마지막에는 죽은 자들에게 돌아간다는 것입니다. 그래서 살아가는 모든 날을 기쁘게 누리라고 강조합니다. 이렇듯 전도자는 무작정 허무주의만 이야기하지 않고, 하나님 안에서 누리는 삶의 자세에 관해 이야기합니다.

4일차 모든 사람의 본분

기본 읽기 전도서 10-12장
핵심 읽기 전도서 12장

전도자의 교훈은 계속됩니다. 지혜를 따르고 어리석음을 따르지 말며, 사람을 함부로 대하지 말라고 조언하며, 물질에 연연하지 말라는 교훈을 줍니다. 그리고 11장 후반부에 가서야 전도자의 진짜 교훈이 시작됩니다. 어떤 일을 행하고 즐거워하더라도 그 일로 말미암아 하나님이 심판하실 것이니, 나이가 들어 모든 것이 헛되다고 느껴지기 전에, 곧 청년의 때에 창조주를 기억하라는 것입니다. 전도서는 모든 것이 허무하다는 말에서 그치지 않고, 하나님을 경외하고 그분 말씀을 지키는 것이야말로 모든 사람의 본분(12:13)이라며 인생이 추구해야 할 목적과 방향을 제시합니다.

5일차 사랑의 속삭임으로 가득한 노래

기본 읽기 아가 1-4장
핵심 읽기 아가 3장

"아가"는 한자로 '우아하고 아름다운 노래'라는 뜻이며, 영어로는 노래 중에서 가장 뛰어나다는 뜻인 'Song of Songs'라는 이름을 가지고 있습니다. 아가는 솔로몬이 술람미 여인을 향해 부르는 노래로 하나님과 그 백성 사이의 사랑을 은유적으로 표현한 노래로 잘 알려져 있습니다(Lesson 3 참조). 지은이는 상대방의 육체적 아름다움을 섬세한 비유로 노래하며 사랑을 속삭입니다. 결혼으로 맺어진 공동체는 하나님과 교회의 관계처럼 언약으로 맺어진 공동체입니다. 결혼이라는 테두리 안에서 남녀가 나누는 사랑은 진실하고 아름답습니다. 이 공동체 안에서 나누는 사랑은 하나님이 보시기에도 흡족하고 소중합니다. 연인의 아름다운 사랑 노래를 읽으면서 우리를 향한 하나님의 사랑이 얼마나 뜨거운지 생각해 보기를 바랍니다.

6일차 사랑의 정점

기본 읽기 아가 5-8장
핵심 읽기 아가 8장

아가는 사랑하는 사람을 향해 부르는 뜨겁고 열정적인 사랑의 노래인데, 1장부터 8장 전체를 통해 뜨겁게 불타는 사랑을 섬세하면서도 열정적으로 표현합니다. 아가의 내용은 우리를 뜨겁게 사랑하셔서 예수님을 보내 주시고 그분의 십자가로 우리를 구원하신 하나님을 떠올리게 합니다. 아무런 자격 없는 우리를 위해 감당할 수 없는 큰 사랑을 베풀어 주신 하나님의 은혜와 사랑은 술람미 여인을 향해 사랑의 밀어를 속삭이는 솔로몬의 모습과 너무나 비슷합니다. 우리를 "내 사랑하는 자"로 부르시는 하나님의 은혜를 기억하면서 본문을 묵상해 보면 어떨까요?

헛된 삶을
사랑의
인생으로

일의 결국을 다 들었으니
하나님을 경외하고
그의 명령들을 지킬지어다
이것이 모든 사람의 본분이니라
하나님은 모든 행위와 모든 은밀한 일을
선악 간에 심판하시리라
전도서 12장 13-14절

Lesson 1   **모든 것이 부질없으나**

균형 잡힌

종말론

전도서의 회의론적 메시지를 바라보는 관점에는 역사적으로 두 가지 관점이 지배적이었습니다. 첫 번째는 전도서의 정경성 자체를 의심하는 관점인데, 전도서의 메시지가 잠언이나 다른 성경의 메시지와 일치하기 어렵다는 게 가장 큰 이유였습니다. 두 번째 관점은 전도자의 메시지 중에서 회의적으로 들리는 구절들을 회의적이지 않게 해석하거나, 아니면 전도서의 모든 내용을 전도자가 맨 마지막에 성숙하게 회개하는 관점으로 변하기 전 단계로 보는 것입니다.

하지만 더 나은 접근법은 전도서를 두 개의 사고 기둥 사이를 오가는 것으로 보고, 타락한 세상 속 삶을 이해하기 위해 둘 사이의 균형을 유지하는 접근입니다. 전도서는 한편으로는 '모든 것이 헛되다'라는 메시지가 뚜렷하지만, 다른 한편으로는 '카르페 디엠'(*carpe diem*), 즉 '현재를 잡으라'거나 '현재의 삶을 가능할 때 즐기라'라는 권면의 메시지도 포함합니다. 전도서를 읽는 독자는 둘의 균형을 유지하는 것이 필요합니다. 전도서가 이처럼 양극단의 사고를 오가는 이유는, 우리가 사는 세상이 처음에 하나님이 의도하셨던 그 세상이 아니기 때문입니다. 세상은 원래 좋은 곳이었고 의미 있게 창조되었습니다. 거룩함과 행복함이 동행했습니다. 그러나 타락으로 인해 모든 창조 질서는 저주 아래 놓이고, 해 아래의 삶은 헛된 노동과 수고가 되었습니다. 이러한 삶의 고통과 불가해성은 우리 죄로 인해 하나님의 저주가 임한 결과이며, 결국에는 죽음이 공통의 저주로 모든 이에게 임했습니다. 전도자는 명확하게 '해 아래의 삶'을 타락하고 저주받은 세상의 삶으로 묘사합니다.

하지만 전도서 말씀이 전부 우울하지는 않습니다. '모든 것이 헛되다'라는 기둥만 삶의 유일한 측면이 아니라, '카르페 디엠'의 측면도 존재한다고 말합니다. 그래서 전도자는 혼란스럽고 이해할 수 없는 세상 가운데서도 기쁨과 만족을 찾으라면서, 해 아래 삶의 피할 수 없는 고뇌와 함께 하나님의 좋은 선물로서 누려야 할 황홀함을 인식시킵니다. 이 황홀함은 세상에서 도피함으로써 얻어지는 것이 아니라, 오히려 수고하면서 그 안에서 낙을 누리는 것이라고 말합니다.

> 사람마다 먹고 마시는 것과 수고함으로 낙을 누리는 그것이 하나님의 선물인 줄도 또한 알았도다(전도서 3:13)

따라서 전도서는 우리에게 균형 잡힌 종말론을 가지라고 권면합니다. 우리 삶에 좌절은 없고 만족만 있다고 생각한다면 과대 실현된 종말론(over-realized eschatology)이 될 것이고, 반대로 만족은 없고 좌절만 느끼면서 모든 상급은 천국에만 쌓인다고 생각한다면 과소 실현된 종말론(under-realized eschatology)이 될 것입니다. 우리에게 요구되는 것은 균형 잡힌 종말론입니다. 이는 '헛되고 헛된' 현재 삶의 본질을 충분히 인식하면서도, 그 삶 가운데서 다가올 영광을 가득 맛보며 사는 것입니다. 그리고 그런 기쁨과 만족은 삶의 수고와 땀 자체에 내재한 것이 아니라 그리스도 안에서 하나님이 주시는 은혜의 선물임을 인식하며 사는 것입니다.

Lesson 2   우리가 결국 찾아야 할 것은

전도서의

목적

부정적으로 들리는 전도서의 메시지에는 사실 긍정적인 목적이 있습니다. 그것은 타락한 세상에서 맛보는 삶의 좌절과 허무함을 통해서 우리를 궁극적으로 그리스도께로 인도하기 위한 것입니다. 예수님이 이 땅에 사시면서 좌절과 만족을 함께 경험하신 것처럼(이사야 53:10-11), 우리 또한 좌절되고 절망스러운 세상 속에서도 분명한 기쁨과 만족을 누릴 수 있습니다.

전도서의 목표는 좌절되고 이해할 수 없는 이 세상을 단순히 관찰하는 것이 아니라, 그 속에서 우리가 어떻게 살아야 하는지에 대한 답을 주는 것입니다. 전도서의 간단한 결론이 그 답을 명확하게 제시합니다.

> 일의 결국을 다 들었으니 하나님을 경외하고 그의 명령들을 지킬지어다 이것이 모든 사람의 본분이니라 하나님은 모든 행위와 모든 은밀한 일을 선악 간에 심판하시리라(전도서 12:13-14)

하나님은 삶의 헛됨을 초월해 다스리시며 절망적 세상의 지배를 받지 않으십니다. 우리는 땅에 있지만, 그분은 해 아래가 아닌 하늘에 계십니다. 따라서 궁극적 실재는 좌절이 아니라 하나님이십니다. 삶의 불가해성은 목적 없는 혼돈이 아니라 하나님이 부여하신 저주이며, 하나님이 그렇게 하신 까닭은 인간에게 하나님을 경외하는 법을 가르치시기 위해서입니다. 따라서 이 세상에서는 공의가 패배할 때도 있고 때로는 악인들이 번성하는 듯 보이기도 하지만, 하나님을 경외하는 사람들이 결국은 더 잘 살게 됩니다.

전도서의 마지막 부분은 하나님 경외만이 이 땅을 사는 지혜이며, 이는 하나님이 모든 행위를 심판하시기 때문이라는 핵심 메시지를 명료하게 밝힙니다. 우리는 이해 불가능한 해 아래 삶 가운데서 불의와 좌절을 끊임없이 직면합니다. 한 예로 죄를 짓고도 사람들 눈에 띄지 않아서 처벌받지 않는 경우도 많습니다. 그러나 우리가 붙들어야 할 확실한 사실은 장차 하나님의 심판이 반드시 있다는 것입니다. 모든 인생이, 모든 민족과 족속이 예외 없이 심판받을 것입니다. 바로 이 심판에 대한 바른 지식이 우리를 절망에서 지켜 줍니다. 악한 이들은 일하시는 하나님을 보지 못하므로 악행을 그치지 않고 바른길로 가지 않겠지만, 성도들은 삶의 불의를 직면할 때마다 하나님의 궁극적 심판과 완전한 공의가 이루어질 것임을 기억해야 합니다. 그 심판을 기억하는 것이 우리를 절망에서 지켜 주고 더 나아가 죄를 짓지 않도록 지켜 줍니다.

동시에, 우리에게는 복음 안에서 얻은 자유가 있고, 감사함으로 받은 하나님의 선물이 있습니다. 예수 그리스도 때문에, 예수 그리스도를 통해서, 예수 그리스도 안에서 풍요롭게 누릴 수 있는 하나님의 은혜가 있습니다. 우리는 비록 헛되고 헛된 "해 아래" 삶을 살지만, 하늘의 영광을 바라보며 삽니다. 전도서는 부정적이며 회의적으로 보이는 삶을 통해 긍정적이며 영광스러운 삶을 바라보게 합니다.

우리의 사랑은 어떤 사랑인가요

아가의

두 가지 해석

아가의 해석은 전형적으로 둘로 나뉩니다. 첫째는 아가가 하나님과 그 백성의 사랑을 풍유적(allegorical) 또는 모형적(typological)으로 표현한다고 보는 영적 해석이며, 둘째는 아가를 인간의 사랑과 성을 예찬하는 것으로 보는 자연적(natural) 해석입니다. 둘의 논쟁은 지금까지도 이어지고 있지만, 바람직한 접근은 두 해석을 모두 올바로 포함하는 것입니다. 자연적 해석의 관점에서 아가는 부부의 이상적 사랑의 위대함을 보여 주며 동시에 이세상 남녀들에게 도전을 안겨 줍니다. 또한 영적 해석의 관점에서 아가는 간접 율법으로서 우리 인간이 그런 완전한 사랑에서 얼마나 부족한지를 깨닫게 해 줍니다. 그리고 궁극적으로 우리를 하늘 신랑 예수 그리스도의 품으로 인도하여 신부를 향한 그분의 완전한 사랑을 우리 삶의 희망으로 품도록 인도합니다.

따라서 아가는 성과 관련하여 모든 시대와 역사에 만연했던 잘못된 두 견해, 즉 쾌락주의와 금욕주의에 모두 맞섭니다. 아가는 모든 형태의 성관계를 예찬하며 성을 단지 욕구 충족의 수단으로 보려는 쾌락주의를 옹호하지 않습니다. 또한 모든 성적 쾌락을 거부하거나 성을 부정적으로 가르치며 금욕을 수준 높은 신앙생활처럼 취급하려는 금욕주의도 지지하지 않습니다. 아가는 견고한 일부일처제를 배경으로 성을 하나님의 선한 창조의 선물로 표현하며, 배우자를 향한 올바른 열정을 기쁨으로 표현합니다. 아가는 이 사회의 흔한 섹스 이야기가 아닙니다. 성이나 결혼은 하나님이 허락하신 언어이며 경험이고, 우리와 하나님의 관계를 더 깊이 이해할 수 있는 수단임을 보여 줍니다. 나아가 결혼으로 맺은 인간의 자연적이고 독특한 사랑의 힘은 신랑 그리스도와 그 신부의 관계를 더욱 심오하게 이해

성이나 결혼은 **하나님이 허락하신 언어이며 경험**이고, 우리와 하나님의 관계를 더 깊이 이해할 수 있는 수단입니다. 나아가 결혼으로 맺은 인간의 자연적이고 독특한 사랑의 힘은 **신랑 그리스도와 그 신부의 관계**를 더욱 심오하게 이해하도록 합니다.

하도록 합니다. 이런 핵심을 놓치고 부적절하게 풍유적으로 해석할 때 아가의 심오한 메시지는 빗나가게 됩니다.

무엇보다 아가는 인간의 원초적이고 친밀한 하나 됨의 능력을 신랑이신 구원자 그리스도에까지 확장하여 자연스럽게 그리스도를 바라보게 합니다. 아가는 우리가 참사랑에 실패한 자라고 도전하면서, 온전히 우리를 사랑하신 그분께로 안내합니다. 그분은 신부인 우리를 사랑해서 모든 것을 내주셨으며, 완전한 사랑으로 성육신하시고 완전한 사랑을 구현하셨습니다. 우리는 모든 면에서 사랑에 실패하고 성을 왜곡했지만, 예수님은 온전히 우리를 사랑하셨고, 우리가 성을 오용해 치를 대가를 예수님이 우리를 대신해 죽으심으로 지불하셨습니다. 가치 없는 신부를 위해 고통을 감수하셨습니다. 나아가 그 신랑은 사랑하는 신부에게 완벽한 의의 예복을 입히시기 위해 죽음을 깨고 부활하셨고, 그 결과 믿음으로 그리스도와 연합한 자들은 모두 마지막 혼인 잔치를 갈망하게 됩니다. 태초부터 우리를 사랑하신 신랑이 우리를 신부로 안아 주실 것입니다. 아가는 바로 그 사랑을 아름답게 노래합니다. 우리는 실제로 그 사랑을 받았기에 이제 그리스도 안에 있는 구원으로 말미암아 그 사랑을 계속 갈망하며 살아갑니다. 이처럼 아가는 인간의 사랑과 결혼에 관련된 메시지를 전하며 그리스도와 복음을 함께 보여 줍니다.

참된 사랑만이 안식을 준다

아가 메시지 1

(1:1-4)

아가는 한 여인의 열정적인 사랑의 선언으로 시작합니다(아가 1:2상). 그 사랑은 숨 막히듯 뜨거운 사랑으로, 아가는 처음부터 끝까지 그 사랑의 갈망을 표현합니다. 여기서 '사랑'은 항상 성적 친밀감을 나타내는 뜻으로 사용되는데, 특히 열정적인 성관계를 의미합니다. 그것은 포도주보다 낫고 삶을 풍요롭게 채워 줍니다(2절하). 여인은 입맞춤에 이어 남자의 향기로운 기름으로 옮겨 갈 뿐 아니라(3절상), 남자의 인격을 상징하는 그의 이름에 이끌립니다(3절중). 그는 단지 인물이 잘나서 달콤한 입맞춤을 할 것 같은 사람이 아니라 믿음직스럽고 사람들의 존경과 신뢰를 받는 인격을 지닌 사람입니다. 여인은 그런 남자를 원하고 있고 모든 처녀가 사랑할 것이라고 확신합니다(3절하). 드디어 남자가 여인을 방으로 이끌어 들이는데 다름 아닌 왕의 은밀한 침실입니다(4절). 그 안에서 여인은 마침내 포도주보다 진한 사랑을 경험하는데 바로 그 왕과 결혼했기 때문입니다. 그래서 그는 마치 "독자들이여, 내가 결혼했노라"라고 외치는 듯 포도주보다 더 진한 사랑에 깊은 만족의 탄성을 자아내고(4절중), 그러자 이 연인을 향한 사람들의 환호성이 들립니다(4절하).

아가는 남녀 간의 **영광스러운 결혼 관계**를 그리면서 그것이 얼마나 풍성하고 깊은 **하나님의 복**을 누리게 하는지를 보여 주고 열망하게 합니다.

아가가 첫머리에서 우리에게 가르치는 것은 무엇일까요? 우선 아가는 지혜 문학으로서 성과 결혼에 대한 메시지를 던집니다. 지혜 문학의 두 통로인 '기둥'과 '폭탄'으로, 한편으로는 기독교 세계관을 제공하며 다른 한편으로는 우리 삶의 잘못된 세계관을 폭로하며 뒤엎습니다. 세상 문화에서는 아가가 예찬하는 사랑과 달리 자기가 원하는 대로 성관계를 할 수 있습니다. 이성이든 동성이든 상관이 없습니다. 하지만 아가는 남녀 간의 영광스러운 결혼 관계를 그리면서 그것이 얼마나 풍성하고 깊은 하나님의 복을 누리게 하는지를 보여 주고 열망하게 합니다.

더 나아가 아가는 온전히 진실하신 분, 곧 전혀 사랑스럽지 않은 교회를 위해 자신을 내어주신 분의 노래입니다. 모든 이름 위에 뛰어난 이름을 가지신 그분은 자신의 의와 향기로 세상을 향기롭고 아름답게 채우셨습니다. 그분은 교회를 신부로 맞이하셨고, 남루해진 신부의 옷을 대신해 흠 없고 아름다운 예복을 입혀 주셨으며, 천국에 신혼여행 침실을 준비하셔서 신부 된 우리와 함께 영원한 기쁨의 시간을 나누실 것입니다. 따라서 모든 그리스도인은 주님이 오셔서 우리의 신을 벗기실 날, 우리를 하늘의 집으로 데려가 참된 관계를 맺으실 그날을 소망합니다. 결국 성경 이야기의 마지막에 이르면 모든 피조물의 창조주가 그분의 교회를 품고 "내가 그녀와 결혼했노라"라고 외치실 것입니다. 그러므로 우리는 그분을 가슴으로 열망합니다. 그 주님을 향해 우리의 강력한 욕망을 발산하며 그분을 향해 궁극적으로 달려갑니다. 아가는 바로 이 메시지를 우리에게 말하고 있습니다. 아우구스티누스가 "주여, 우리의 마음은 오직 당신 안에서만 안식을 발견하나이다"라고 고백했던 것처럼 말이죠.

Lesson 5   **기다려야 할 분을 기다리며**

아가 메시지 2

(2:7-17)

아가 2장은 한 여인을 사랑하는 한 남자의 이미지를 노루와 들사슴에 비유하여 그립니다(아가 2:7-9). 번개같이 달려오던 그는 동작을 멈추고 담에 기대어 창살 틈으로 여자를 엿보며(9절), 낭만적이고 아름다운 말로 간절히 원하는 것을 말합니다(10절). 여자에게 부모를 떠나 자기와 함께 노루와 사슴이 뛰노는 들로 나가자고 청합니다. 둘이 사랑할 수 있는 시간이 마침내 도래했기 때문입니다(11-13절). 연약한 비둘기 같은 여자는 남자의 손이 닿지 않는 곳에 있습니다. 남자는 여자의 아름다운 모습을 보며 음성을 들을 수 있지만, 그 이상을 원합니다(14절). 하지만 여자는 안 된다며 그 이유를 밝힙니다. 이미 자기 몸을 포도원에 비유했던 여자는(1:14), 이 포도원에 꽃이 피었지만 여우들이 활동하는 위험한 시기이므로 포도원에 핀 어린 꽃망울이 자칫 떨어질 수 있다고 일러 줍니다(15절). 그러면서 포도원을 헐수 있는 위험한 작은 여우를 잡아 달라고 요청합니다. 여자는 남자가 담을 넘어오는 것을 거절하면서도, 남자를 거부하거나 사랑의 갈망을 부인하지 않고 오히려 뜨겁게 표현합니다(16-17절).

　이 시가 전하려는 메시지는 무엇일까요? 아가 2장의 핵심은 기다림입니

성경수업　　251

마지막 추수의 날에 맛볼 생명의 열매가 예수님과 우리의 기다림 끝에 나타날 것입니다. 주님이 지금 우리를 향해 부르고 계십니다. "나의 사랑, 나의 어여쁜 자야, 일어나서 함께 가자."

다. 진실된 사랑으로 불타는 관계이지만 결혼 때까지 성관계를 미루라는 뜻입니다. 작은 여우가 사랑에 해를 끼칠 수 있기 때문입니다. 하지만 이 기다림의 더 큰 핵심은, 우리에게 위대한 사랑을 주신 분이 계시고 그분이 바로 우리가 기다려야 할 분이라는 것입니다. 그분은 그저 멀리서 우리를 지켜보시지만 않고, 우리를 향한 위대한 사랑을 실천하셨습니다. 반면에 우리의 사랑의 열매는 너무나 형편없는 모습입니다. 하나님은 우리에게 지켜야 할 포도원을 주셨건만, 우리는 담을 헐겁게 하고 여우를 불러들이고 가시와 엉겅퀴를 자라게 하며 포도원 전체를 엉망으로 망쳐 놓았습니다. 더러는 혼외정사로, 더러는 욕망과 음란물과 성적 환상으로 포도원을 망쳤으며, 또 다른 면에서는 하나님이 허락하신 좋은 선물인 성을 혐오하기도 했습니다.

하지만 하나님은 우리에게 아들을 보내셔서 만신창이가 된 포도원을 재건하십니다. 그분은 추호의 욕망 없이 자신의 포도원을 완벽히 지키시고 이 땅의 신부를 사랑하셨습니다. 그분의 신부인 교회는 타락해 더럽혀지고 남루한 옷을 걸치고 있었지만, 주님은 자신의 신실하고 아름다운 옷을 신부에게 입혀 주셨습니다. 우리는 바로 이 주님을 신랑으로 기다리며 바라봅니다. 우리를 사랑하시는 주님은 우리가 결혼했든 미혼이든 힘을 다해 포도원을 지키기를 원하십니다. 물론 어떤 사람은 기다리다가 유혹에 넘어지기도 하겠지만 그래도 여전히 주님만을 기다리며 바라보기를 원하십니다. 궁극적 추수의 날에 맛볼 생명의 열매가 예수님과 우리의 기다림 끝에 나타날 것을 기대하면서 말이죠. 그 주님이 지금 우리를 향해 부르고 계십니다. "나의 사랑, 나의 어여쁜 자야, 일어나서 함께 가자."

READING JESUS

리딩지저스
: 그리스도 중심으로 읽는 전도서, 아가

우리는 타락하고 저주받은 세상에서 살아갑니다. 그래서 우리의 노동은 고달프고 때로는 절망스럽습니다. 하지만 구원받은 신자인 우리는 그저 "해 아래" 세상에서 좌절과 허무만 맛보는 존재가 아닙니다. 우리는 그리스도와 함께 "하늘에 속한" 자들이며, 우리에게는 그리스도 안에서 누리는 하나님의 풍성한 은혜가 있습니다. 부활하신 그리스도가 우리 안에 사시기 때문에(갈라디아서 2:20), 해 아래서 하는 우리의 수고는 절대 헛되지 않습니다.

삶의 다른 모든 영역처럼 성과 사랑에도 그리스도가 주시는 구원이 필요하며, 우리를 온전한 사랑으로 안아 주시는 그리스도를 통한 회복이 필요합니다. 태초에 하나님은 한 남자와 한 여자를 창조하여 태고의 신성한 결혼을 주례하시면서 그들에게 연합하여 한 몸을 이루라고 하셨습니다(창세기 2:24). 타락은 이 순전한 사랑의 관계를 손상시켰고, 하나님이 설계하신 성과 결혼의 의미를 모든 면에서 왜곡했습니다. 하지만 예수님은 온전한 사랑을 우리에게 보여 주셨고, 신부에게 완벽한 의의 예복을 입히기 위해 죽음을 깨고 부활하셨습니다. 우리는 실제로 그 사랑을 받았기에 마지막 추수의 날까지 그분을 열망하며 기다립니다.

전도서, 아가
한눈에 보기

전도서는 인생무상의 현실을 드러내기도 하지만 동시에 '카르페 디엠', 즉 '현재의 삶을 최선으로 즐기라'라는 메시지를 함께 전합니다. 타락하고 저주받은 세상의 삶을 묘사하면서도 그런 세상에서 기쁨과 만족을 찾으라고 권합니다. 이렇듯 전도서는 우리에게 균형 잡힌 종말론을 제시합니다. 우리는 '이미 그러나 아직'이라는 긴장 가운데서 아직 오지 않은 영광을 현재 삶에서 맛볼 수 있는데, 그 만족은 허무한 노동에서 오는 것이 아니라 궁극적으로 하나님이 주시는 만족임을 강조합니다.

그러므로 전도서의 부정적 메시지에는 긍정적 목적이 있습니다. 타락한 세상에서 맛보는 삶의 좌절과 무익함을 통해서 우리를 궁극적으로 그리스도께 인도하기 위한 것입니다. 전도서의 목표는 좌절되고 이해할 수 없는 이 세상의 무상함을 단순히 폭로하는 것이 아니라, 그 속에서 우리가 어떻게 살아야 하는지에 대해 궁극적 답을 주려는 것입니다. "일의 결국을 다 들었으니 하나님을 경외하고 그의 명령들을 지킬지어다"(전도서 12:13)라는 전도서의 결론이 바로 그 답입니다. 이 땅의 삶은 목적 없는 혼돈이 아니라 하나님이 부여하신 저주이며, 그럼에도 하나님을 경외하는 사람들은 결국 잘될 것입니다. 그리고 이 이야기는 결국 예수 그리스도를 통해 완성됩니다.

아가를 해석하는 방식은 전형적으로 두 가지입니다. 첫째는 아가가 하나님과 그 백성의 사랑을 풍유적 또는 모형적으로 표현한다고 보는 영적 해석이며, 둘째는 아가가 인간의 사랑과 성을 예찬한다고 보는 자연적 해석입니다. 바람직한 접근법은 두 해석을 모두 올바로 포함하는 것입니다. 자연적 해석의 관점에서 아가는 부부의 이상적 사랑의 위대함을 보여 주는 동시에 이 세상 남녀들에게 도전합니다. 영적 해석의 관점에서 아가는 우리가 인간으로서 얼마나 부족한 사랑을 하는지 깨닫게 해 주며, 궁극적으로는 우리를 진정으로 사랑하신 하늘 신랑 예수 그리스도의 품으로 인도합니다.

아가는 모든 시대에 만연했던 잘못된 두 견해, 쾌락주의와 금욕주의에 맞섭니다. 또한 우리가 참사랑에 실패한 자라고 도전하면서, 온전히 우리를 사랑하신 그분께로 안내하여 신부인 우리를 위해 전부를 내준 신랑께로 눈길을 돌리게 합니다. 우리는 모든 면에서 사랑에 실패하고 성을 왜곡했지만, 예수님은 온전히 우리를 사랑하셨고, 우리가 성을 오용해 치를 대가를 예수님이 우리를 대신해 죽으심으로 지불하셨습니다. 그분은 가치 없는 신부를 위해 고통을 감수하셨고, 사랑하는 신부에게 완벽한 의의 예복을 입히시기 위해 부활하셨습니다. 그 결과 그리스도와 연합한 자들은 마지막 혼인 잔치를 모두 갈망하게 됩니다. 아가는 바로 그 사랑을 아름답게 노래합니다.

❶ 전도서는 '모든 것이 (   )'라는 메시지가 뚜렷하지만, 다른 한편
으로는 '현재를 (   )'거나 '현재의 삶을 가능할 때 (   )'
라는 권면의 메시지도 포함합니다. 전도서를 읽는 독자는 둘의 (   )
을 유지하는 것이 필요합니다. (성경수업 Lesson 1)

❷ "범사에 (   )이 있고 천하만사가 다 (   )가 있나니⋯하나님이 모
든 것을 지으시되 (   )를 따라 아름답게 하셨고 또 사람들에게는
(   )을 사모하는 마음을 주셨느니라 그러나 하나님이 하시는 일의 시
종을 사람으로 (   )할 수 없게 하셨도다"(전도서 3:1, 11)

❸ 전도서의 목표는 좌절되고 이해할 수 없는 이 세상을 단순히 (   )하
는 것이 아니라, 그 속에서 우리가 어떻게 살아야 하는지에 대한 (   )
을 주는 것입니다. 전도서의 마지막 부분은 (   )만이 이 땅
을 사는 지혜이며, 이는 하나님이 모든 행위를 심판하시기 때문이라는 핵
심 메시지를 명료하게 밝힙니다. 전도서는 부정적이며 회의적으로 보이는
삶을 통해 (   )이며 (   ) 삶을 바라보게 합니다.
(성경수업 Lesson 2)

❹ 아가는 남녀 간의 영광스러운 (   ) 관계를 그리면서 그것이 얼마나 풍성하고 깊은 하나님의 복을 누리게 하는지를 보여 주고 열망하게 합니다. 더 나아가 아가는 온전히 진실하신 분, 곧 전혀 사랑스럽지 않은 (   )를 위해 자신을 내어주신 분의 노래입니다. (성경수업 Lesson 4)

❺ 아가 2장의 핵심은 (   )입니다. (   ) 사랑으로 불타는 관계이지만 결혼 때까지 성관계를 미루라는 뜻입니다. 하지만 이 (   )의 더 큰 핵심은, 우리에게 위대한 (   )을 주신 분이 계시고 그분이 바로 우리가 (   ) 할 분이라는 것입니다.
(성경수업 Lesson 5)

❻ 빈칸을 채워 다음 구절을 완성해 보세요.
"나의 사랑하는 자가 내게 말하여 이르기를 (   ), 내 어여쁜 자야 일어나서 (   )"(아가 2:10)

정답

1. 헛되다, 잡으라, 즐기라, 균형 2. 기한, 때, 때, 영원, 측량 3. 관찰, 답, 하나님 경외, 긍정적, 영광스러운 4. 결혼, 교회 5. 기다림, 진실한, 기다림, 사랑, 기다려야 6. 나의 사랑, 함께 가자

❶ 전도서와 아가는 허무함과 쾌락을 모두 배제하고, 근원적인 기쁨이 되시
는 하나님과의 교제를 이야기합니다. 《리딩지저스》와 함께 성경통독을 하
면서 하나님의 말씀이 주시는 이러한 기쁨을 누린 적이 있나요?

❷ 온전한 사랑을 보여 주신 그리스도를 삶의 모든 부분을 통하여 사랑하는
한 주간이 되기 위해서 내가 실천할 수 있는 것들을 나누어 봅시다.

❸ 《리딩지저스》3권을 통해 우리는 시가서가 그리스도를 어떻게 노래하며, 그분의 지혜를 어떻게 우리에게 알려 주는지 살펴보았습니다. 가장 기억에 남는 메시지는 무엇이었으며, 그 메시지를 앞으로 나의 삶에 어떻게 적용할지 나누어 봅시다.

❶　성경 말씀에 기초해, 찬양과 감사의 기도를 드립니다.

> 너는 청년의 때에 너의 창조주를 기억하라
>
> 곧 곤고한 날이 이르기 전에,
>
> 나는 아무 낙이 없다고 할 해들이 가깝기 전에,
>
> 해와 빛과 달과 별들이 어둡기 전에,
>
> 비 뒤에 구름이 다시 일어나기 전에 그리하라
>
> 전도서 12:1-2

❷　일상의 변화를 소망하며, 회개와 결단의 기도를 드립니다.

❸　서로를 위해, 또 교회를 위해 기도합니다.

시편 34편 1-9절

내가 여호와를 항상 송축함이여

내 입술로 항상 주를 찬양하리이다

내 영혼이 여호와를 자랑하리니

곤고한 자들이 이를 듣고 기뻐하리로다

나와 함께 여호와를 광대하시다 하며

함께 그의 이름을 높이세

내가 여호와께 간구하매 내게 응답하시고

내 모든 두려움에서 나를 건지셨도다

그들이 주를 앙망하고 광채를 내었으니

그들의 얼굴은 부끄럽지 아니하리로다

이 곤고한 자가 부르짖으매 여호와께서 들으시고

그의 모든 환난에서 구원하셨도다

여호와의 천사가

주를 경외하는 자를 둘러 진 치고 그들을 건지시는도다

너희는 여호와의 선하심을 맛보아 알지어다

그에게 피하는 자는 복이 있도다

너희 성도들아 여호와를 경외하라

그를 경외하는 자에게는 부족함이 없도다

나의 사랑, 내 어여쁜 자야
일어나서 함께 가자
아가 2장 10절

그림 목록

1장   40-41, 57쪽   《거름 더미 위의 욥 Job sur le tas de fumier》, Gaspar de Crayer © Didier Descouens

        52쪽   《벌거벗은 욥 Job représenté nu》, Jules Bastien Lepage © MBA Nancy

2장   74-75, 91쪽   《레브도르프 시편 The Rebdorf Psalter》, Anselm of Laon

        77쪽   《전례서 Breviarium OFM》, Stadtbibliothek Schaffhausen Collection

        88-89쪽   《시인, 왕실의 하프로 연주하는 Sänger, die Königsharfe spielend》, Ephraim Moses Lilien

3장   108-109, 123쪽   《모세, 다윗, 솔로몬, 스룹바벨 Moses, David, Solomon and Zerubbabel》, Bath Abbey(stained glass window) © Jules & Jenny

        113쪽   《베리 공작의 기도서 Les Très Riches Heures du duc de Berry: Psalm XXXIX》, Jean Colombe

        118쪽   《성경을 가족에게 읽어 주는 유대인 랍비 Jewish Rabbi Reading the Bible to His Family》, Aleksander Lauréus

4장   140-141, 155쪽   《사슴이 시냇물을 찾기에 갈급함 같이 As the hart panteth after the water》, Knollwood Mausoleum(stained glass window) © Tim Evanson

        148쪽   《동방에서 온 박사들의 경배 Adoration of the three Kings》, Gyula Benczúr

        151쪽   《하프를 연주하는 다윗 왕 King David playing the harp》, Gerard van Honthorst

5장   172-173, 189쪽   《다윗 왕이 언약궤를 시온 산으로 옮기다 mit Überführung der Bundeslade durch König David zum Berg Zion》, Johann Baptist Wenzel Bergl ⓒ Wolfgang Sauber

181쪽   《겟세마네 동산의 그리스도 Христос в Гефсиманском саду》, Arkhip Kuindzhi

182쪽   《요한에게 세례를 받는 그리스도 Taufe Christi durch Johannes》, Fra Angelico

6장   206-207, 221쪽   《방 안에서 드리는 기도 Gebet in der Stube》, Thomas Walch

214쪽   《시내 산에서 십계명을 받다 Giving of the Law on Mount Sinai》, Gustave Doré

7장   238-239, 255쪽   《노년의 솔로몬 왕 King Solomon in Old Age》, Gustave Doré

246쪽   《하와의 탄생 Creation of Eve》, Carlo Francesco Nuvolone

249쪽   《성경의 결혼식 Biblical Wedding》, Ciro Ferri

252쪽   《새 예루살렘 The New Jerusalem》, Gustave Doré

264-265쪽   《침묵의 노래 Stille Lied》, Ephraim Moses Lilien

그림 출처   wikimedia commons

미국 웨스트민스터 신학교

한국어 신학연구
석사 과정
KMATS

미국 웨스트민스터 신학교의
KMATS Korean Master of Theological Studies 는
전 세계 그리스도인이 성경의 진리에 기초한
건강한 신학을 삶과 일터,
사역의 현장에 적용할 수 있도록
훈련하는 프로그램입니다.
《리딩지저스》 시리즈는
웨스트민스터 신학교 KMATS 프로그램의 과목인
"구약성경과 그리스도", "신약성경과 그리스도"
수업 내용의 일부를 쉽게 재구성하여 집필했습니다.

특징

❶ 100% 온라인 프로그램으로 세계적인 미국 웨스트민스터 신학교 교수진의 강의
를 언어와 지역에 상관없이 한국어로 들을 수 있습니다.

❷ 온라인 담당 한국인 교수와 함께 실시간으로 자유롭게 질의응답할 수 있습니다.

❸ 한 학기에 한 과목 수강으로 바쁜 일상 중에도 부담 없이 참여할 수 있습니다.

대상

❶ 그리스도 중심 설교를 배우고 싶은 목회자

❷ 하나님의 말씀을 확신 있게 가르치고 싶은 평신도 지도자

❸ 해외 선교 현장에서 신학 교육의 필요성을 느끼는 선교사

개요

100% 온라인	12과목 이수	1.5년-3년 소요
1년 4학기 개강	한 학기 10주	개별과목 수강

· 졸업 요건은 12과목 이수 여부와 졸업 총괄 평가로 이루어집니다.

· 1년 4학기로 1월, 3월, 6월, 9월에 개강하며, 매 학기 입학할 수 있습니다.

· 전체 학위 과정에 참여하지 않고 관심 있는 과목만 수강할 수 있습니다.

과목		
	구약성경과 그리스도 Old Testament Survey	구약성경 적용 Old Testament for Application
	신약성경과 그리스도 New Testament Survey	신약성경 적용 New Testament for Application
	성경 해석 원리 Principles of Biblical Interpretation	예배를 위한 성경신학 Biblical Theology of Worship
	조직신학 개론 Introduction to Systematic Theology	구원론: 그리스도와의 연합 Union with Christ
	변증학 개론 Introduction to Apologetics	기독교와 문화 Christianity and Culture
	교회사 I History of Christianity I	교회사 II History of Christianity II
	신론: 하나님을 아는 지식 Doctrine of God	과학과 신앙 Science and Faith

개별 과목 수강 트랙

전체 학위 과정을 이수하지 않고, 원하는 과목만 개별 수강할 수 있습니다. 평소 성경과 신앙에 대해 풀리지 않던 질문이 있었다면 아래 추천 과목 중에 선택하여 수강하길 바랍니다. KMATS 프로그램의 신뢰할 수 있는 신학적 틀 안에서 자유롭게 질문하며 답을 찾아갈 기회를 얻게 될 것입니다.

추천 과목

그리스도 중심 설교 ∨	성경 신학적 토대 ∨	일터와 신앙, 문화의 이해 ∨
• 구약성경과 그리스도	• 구약성경과 그리스도	• 기독교와 문화
• 신약성경과 그리스도	• 신약성경과 그리스도	• 과학과 신앙
• 구약성경 적용	• 조직신학 개론	• 교회사 2
• 신약성경 적용	• 변증학 개론	• 변증학 개론

교수진

싱클레어 퍼거슨
Dr. Sinclair Ferguson

이안 더귀드
Dr. Iain Duguid

윌리엄 애드가
Dr. William Edgar

데이비드 가너
Dr. David Garner

번 포이트레스
Dr. Vern Poythress

조나단 깁슨
Dr. Jonathan Gibson

브랜든 크로우
Dr. Brandon Crowe

채드 반 딕스훈
Dr. Chad Van Dixhoorn

리차드 개핀
Dr. Richard Gaffin

o o o

문의

홈페이지 www.wts.edu/kmats
카카오 채널 "kmats"를 검색

이메일 kmats@wts.edu
전화 02-2289-9081

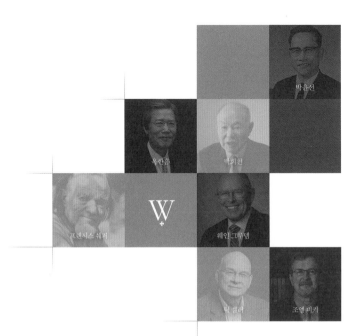

미국 웨스트민스터 신학교는
그리스도와 전 세계에 있는 그의 교회를 위하여
1929년에 설립되었습니다.

웨스트민스터 신학교는 설립된 이래로 한결같이
성경이 무오하고 권위 있는 하나님 말씀이라는 신념으로
학문적 탁월성과 그리스도 중심적 성경 해석에
철저히 헌신해 왔습니다.

지난 90여 년간 하나님의 은혜로
웨스트민스터 신학교를 통해
한국 교회와 전 세계 교회를 섬기는 지도자들이
배출되었습니다.

이제 그 자리에서 함께할 당신을 기다립니다.

설립 100주년을 맞이하며 웨스트민스터 신학교는 한국 교회와
함께 전 세계 교회를 섬기는 비전을 품고 앞으로 달려 나갑니다.

| 한국
사역 | 리딩지저스 | 한국어 신학연구
석사 과정 KMATS | 한국어 목회학
박사 과정 KDMIN |